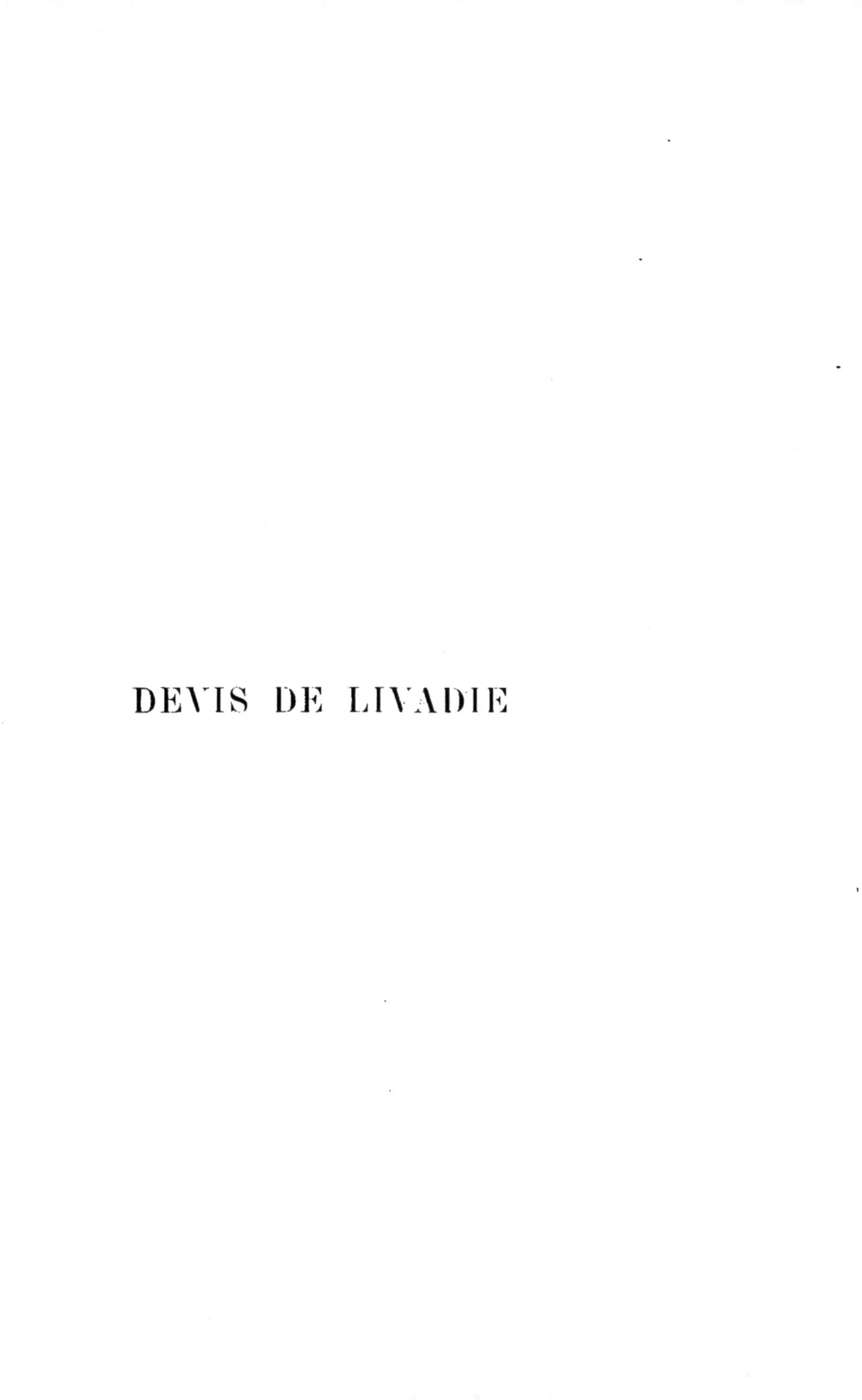

DEVIS DE LIVADIE

ÉTUDES

SUR L'ARCHITECTURE GRECQUE

PAR

Auguste CHOISY

INGÉNIEUR EN CHEF DES PONTS ET CHAUSSÉES

4ᵉ ÉTUDE

UN DEVIS

DE

TRAVAUX PUBLICS

À LIVADIE

PARIS

LIBRAIRIE DE LA SOCIÉTÉ ANONYME DE PUBLICATIONS PÉRIODIQUES

M DCCC LXXXIV

UN DEVIS DE TRAVAUX PUBLICS
A LIVADIE

L'inscription que nous essaierons ici de traduire a été publiée
pour la première fois en 1876, par M. Coumanoudes, et rééditée avec
d'utiles annotations, par M. E. Fabricius[1] ; c'est un devis d'entreprise
en même temps qu'une série de clauses administratives et de dispositions pénales : un document technique et juridique à la fois.

Au point de vue juridique, M. R. Dareste a donné sur ce texte un
savant commentaire[2] : plaçant les clauses du marché de Livadie en
regard des clauses d'autres contrats antiques, M. Dareste a fait ressor-
tir du parallèle une véritable théorie du droit grec en matière de
travaux publics. Les prescriptions techniques présentent seules aujour-
d'hui des points obscurs : nous en ferons l'objet principal de cette
étude ; puis nous jetterons un rapide coup d'œil sur certains détails
d'organisation administrative ou financière dont l'influence se retrouve
dans les méthodes de l'art de bâtir et qui, à ce titre, intéressent
l'histoire de l'architecture autant que l'histoire même du droit.

DATE DE L'INSCRIPTION

L'inscription, rédigée en langue grecque commune et non en
dialecte béotien, paraît appartenir à cette époque voisine de la con-

[1] Coumanoudes : Ἀθήναιον, t. IV, p. 454 (Athènes 1876). — E. Fabricius : *de Architec-
tura graeca commentationes epigraphicae* (Berl. 1881).

[2] *Mémoire sur les entreprises de travaux publics chez les Grecs*, par M. R. Dareste
(Annuaire de l'Association pour l'encouragement des études grecques en France, 1877, p. 107).

quête romaine, où la langue grecque tend à s'uniformiser. Les observations suivantes, dues à M. Fabricius, permettent de préciser davantage :

La Béotie était une contrée pauvre, et l'on sait par Pausanias[1] que le temple de Livadie était un édifice colossal : sa grandeur, ajoute Pausanias, et les événements d'une guerre forcèrent de le laisser inachevé. Ces indications concordent avec l'hypothèse d'un temple dû à la munificence de quelque prince étranger. Or, Tite-Live rapporte[2] qu'Antiochus Épiphane combla de ses largesses la Béotie, et que la courte durée de son règne l'empêcha de terminer ses entreprises. M. Fabricius pense que les travaux du temple de Livadie doivent dater de ce règne, et l'époque de l'inscription se trouverait ainsi comprise entre l'an 174 et l'an 164 avant notre ère.

[1] *Pausan.*, IX. XXXIX.
[2] *Liv.*, XLI. XX.

PREMIÈRE PARTIE

———

La première partie de l'inscription doit être considérée comme un *cahier des charges* dressé dans les circonstances que voici :

Un marché de travaux publics vient d'être résilié ; les travaux sont commencés ; il s'agit d'en assurer l'achèvement par une réadjudication : et cette adjudication nouvelle doit se faire, suivant l'expression moderne d'une idée qui ne date pas de nos jours, « à la folle enchère » de l'entrepreneur déchu.

———

TRADUCTION

1 ... qu'il paie le cinquième des ouvrages ... et la surenchère et le surplus de la somme qui, par le fait d'amendes, peut être à sa charge : le tout, les préposés au temple le recouvreront sur
5 l'entrepreneur (déchu) et ses garants, et s'ils ne peuvent (le recouvrer), ils transcriront les noms de ceux-ci sur le tableau.

1   ἔ]ργων τὸ ἐπίπεμπτον ἀποτεισά-
[τω . . . . κ]αὶ τὸ ὑπερεύρεμα καὶ ἐάν τι ἄλλο
ἀργύριον ἐκ τῶν ἐπιτιμίων προσγένηται αὐτῶι, ἅπαν-
τα πρά[ξουσιν] οἱ ναοποιοὶ τὸν ἐργώνην καὶ τοὺς ἐγγύους.
5 ἐὰν δὲ μὴ δύνωνται, εἰς τὸ λεύκωμα ἐκγράψουσιν. Ἐκ-
διδομεν δὲ τὸ ἔργον ὅλον πρὸς χαλκόν. τὰς μὲν στή-

— Nous adjugeons l'ensemble de l'ouvrage à prix fait[5] : les stèles et leurs chaperons, chaque pierre suivant le prix que l'adjudication pourra donner[6].

Quant aux socles, l'entrepreneur les fera à titre de travail supplémentaire, et il recevra comme paiement des pierres gros-
10 sières (de ces socles) cinq drachmes pour chacune des pierres qu'il y aura lieu de fournir, et (en paiement) de la gravure et de la peinture à l'encaustique des lettres, un statère et trois oboles par mille lettres.

Et il travaillera[7] d'une manière continue, (à commencer) dans les dix jours qui suivront (le premier) acompte, occupant des
15 ouvriers habiles dans leur profession, au moins (au nombre de) cinq.

Et si en quelque chose il ne se conforme pas à ce qui est écrit dans la (présente) convention, ou bien s'il est en quelque chose convaincu de malfaçon, il sera puni d'amende par les préposés

λας καὶ τοὺς θριγκοὺς πρὸς λίθον ἐρωμαλέαν ὅ τι ἂν εὕρωσιν, τοὺς δ' ὑποβατῆρας ἐν προσέργωι ποιήσει, τῶν
δὲ πόρων ὑποτίμημα λήψεται τοῦ λίθου ἑκάστου δρα-
10 χμὰς πέντε, ὅσους ἂν παρίσχηι, τῶν δὲ γραμμάτων
τῆς ἐγκολάψεως καὶ [τῆς] ἐγκαύσεως στατῆρα καὶ
τριώβολον τῶν χιλίων γραμμάτων. Ἐργᾶται δὲ συνε-
χῶς μετὰ τὸ τὴν δόσιν λαβεῖν ἐντὸς ἡμερῶν δέκα,
ἐνεργῶν τεχνίτας ἱκανοῖς κατὰ τὴν τ[έχ]νην μὴ ἔ-
15 λαττον ἢ πέντε. Ἐὰν δέ τι μὴ πειθῆται τῶν κατὰ τὴν
συγγραφὴν γεγραμμένων ἢ κακονεχνῶν τι ἐξελέγχη-
ται, ζημιωθήσεται ὑπὸ τῶν ναοποιῶν καθ' ὅ τι ἂν φαίνη-

[5] Littéralement : *Suivant (le cours de) la monnaie*. Le sens de cette locution paraît assez nettement résulter des Papyrus du Louvre (*Notices et extraits des mss.* 1866, p. 357 et 358).

[6] L'εὕρεσις est *le prix d'adjudication* d'un objet (Papyrus du Louvre, p. 357). Le sens, ici, est évidemment celui-ci : On adjugera si défavorables que soient les conditions, l'entrepreneur déchu devant subir les conséquences de la folle enchère.

[7] ἐργάται : probablement pour ἐργάσεται. Cf. l. 74, 102, 113.

au temple, selon qu'il paraîtra mériter pour n'avoir pas fait
(une partie) des choses écrites dans la convention.

20   Et si quelque autre parmi ceux qui travaillent avec lui est en
quelque chose convaincu de malfaçon, qu'il soit chassé du chantier
et que désormais il ne participe plus au travail. — Et s'il n'obéit
pas, il sera puni d'amende lui aussi en même temps que l'entrepreneur.

Et si par hasard en cours d'exécution il importe d'ajouter ou
de retrancher à quelqu'une des dimensions prescrites, (l'entrepreneur) fera comme nous commanderons.

25   Et que ceux qui étaient primitivement garants de l'entreprise
ainsi que l' (ancien) entrepreneur ne soient pas déliés (de leurs
obligations) tant que le nouvel adjudicataire des (travaux)
réadjugés n'aura pas constitué des garants solvables.

Et pour les (travaux) antérieurement exécutés, que les garants
primitifs restent (garants) jusqu'à la réception définitive.

30   Et que l'entrepreneur n'endommage en rien les objets (qui sont)
dans l' (enceinte) sacrée : s'il cause quelque dommage, qu'il le

ται ἄξιος εἶναι μὴ ποιῶν τῶν κατὰ τὴν συγγραφὴν γεγραμμένων, καὶ ἐάν τις ἄλλος τῶν συνεργαζομένων ἐξε-
20 λέγ[χ]ηταί τι κακοτεχνῶν, ἐξελαυνέσθω ἐκ τοῦ ἔργου καὶ
μ]ηκέτι συνεργαζέσθω· ἐὰν δὲ μὴ πείθηται, ζημιωθήσεται καὶ οὗτος μετὰ τοῦ ἐργώνου. Ἐὰν δέ που παρὰ τὸ ἔργον συνφέρηι τινὶ μέτρωι τῶν γεγραμμένων προςλι-
πεῖν ἢ συνελεῖν, ποιήσει ὡς ἂν κελεύωμεν. Μηδὲ ἀπολε-
25 λύσθωσαν ἀπὸ τῆς ἐργωνίας οἱ ἐξ ἀρχῆς ἔγγυοι καὶ ὁ ἐργώνης, ἄχρι ἂν ὁ ἐπαναπριάμενος τὰ παλίνπωλα τοὺς
ἐγγύους ἀξιοχρέους καταστήσηι· περὶ δὲ τῶν προπε-
ποιημένον οἱ ἐξ ἀρχῆς ἔγγυοι ἔστωσαν ἕως τῆς ἐσχά-
της δοκιμασίας. Μηδὲ καταβλαπτέτω μηθὲν τῶν ὑπαρ-
30 χόντων ἔργων ἐν τῶι ἱερῶι ὁ ἐργώνης· ἐὰν δέ τι καταβλά-
ψηι, ἀκείσθω τοῖς ἰδίοις ἀνηλώμασιν δοκίμως ἐν χρόνωι

réparé à ses propres frais, exactement (et) dans le délai que les préposés au temple fixeront.

Et si l'entrepreneur de la pose gâte dans son travail quelque pierre saine, il la remplacera par une autre (pierre) recevable,
35 à ses propres dépens, sans entraver (la marche du) travail. — Quant à la pierre gâtée, il l'enlèvera de l'enceinte sacrée dans (le délai de) cinq jours : sinon, la pierre sera acquise au temple.

Et s'il ne remplace pas (la pierre gâtée) ou s'il ne répare pas le dommage (qu'il aura pu causer), cette (réparation) aussi, les préposés au temple en feront une adjudication supplémentaire : et le montant de cette adjudication, l'entrepreneur avec ses garants le paiera et moitié en sus.

40 — Mais si, à raison (d'un défaut) de sa nature, quelqu'une des pierres est gâtée, que, pour (cette) pierre, l'entrepreneur de la pose soit exempt d'amende.

Et si les entrepreneurs sont en désaccord entre eux au sujet de quelqu'une des choses écrites ci-dessus, les préposés au temple jugeront après avoir prêté serment, siégeant en présence des ouvrages, et étant (au) nombre de plus de moitié. Et que les jugements qu'ils auront prononcés soient souverains.

σας ἂν οἱ ναοποιοὶ τάξωσιν. Καὶ ἐάν τινα ὑγιῆ λίθον δια-
φθείρῃ κατὰ τὴν ἐργασίαν ὁ τῆς θέσεως ἐργώνης, ἕτε-
ρον ἀποκαταστήσει δόκιμον τοῖς ἰδίοις ἀναλώμασιν, οὐ-
35 θὲν ἐπικωλύοντα τὸ ἔργον· τὸν δὲ διαφθαρέντα λίθον ἐξ-
άξει ἐκ τοῦ ἱεροῦ ἐντὸς ἡμερῶν πέντε, εἰ δὲ μή, ἱερὸς ὁ λίθος
ἔσται. Ἐὰν δὲ μὴ ἀποκαταστήσῃ ἢ μὴ ἀκῆται τὸ καταβλα-
φθέν, καὶ ταῦτα ἐπεργολογήσουσιν οἱ ναοποιοὶ ὅ τι δ' ἂν εὕρῃ,
ταῦτα αὐτὸ καὶ ἡμιόλιον ἀποτείσει ὁ ἐργώνης καὶ οἱ ἐγ-
40 γυοι. Ἐὰν δὲ κατὰ φύσιν διαφθαρῇ τις τῶν λίθων, ἀζήμιος ἔστω κατὰ τοῦτον ὁ τῆς θέσεως ἐργώνης. Ἐὰν δὲ πρὸς αὑ-
τοὺς ἀντιλέγωσιν οἱ ἐργῶναι περί τινος τῶν γεγραμμένων, διακρινοῦσιν οἱ ναοποιοὶ ὀμόσαντες ἐπὶ τῶν ἔργων, πλεί-
ονες ὄντες τῶν ἡμίσεων· τὰ δὲ ἐπικριθέντα κύρια ἔστω.

45 Et si les préposés au temple ont entravé (les travaux) à raison
(des retards dans la fourniture) des pierres, ils prolongeront le
délai d'autant (de temps) qu'ils en auront fait perdre.

— Et l'entrepreneur ayant constitué des garants suivant le
règlement, recevra le premier acompte (qui sera, la somme
50 pour laquelle il aura entrepris toutes les stèles et les chaperons
qui les surmontent, sauf retenue du dixième sur la totalité (de
cette somme).

Et lorsqu'il aura établi que toutes (les stèles) sont exécutées et
entièrement dressées et terminées selon la convention et scellées
au plomb à la satisfaction des préposés au temple et de l'architecte, il touchera le deuxième acompte (qui sera calculé d'après
55 le prix) de toutes les lettres de l'inscription, selon l'évaluation (qui
résultera) du nombre (des lettres contenues) dans la copie (du
texte à graver) ; sauf aussi sur ce (chiffre) une retenue d'un
dixième.

Et ayant achevé l'ouvrage tout entier, lors de la réception,
qu'il reçoive le dixième de retenue.

45 Ἐ[ὰ]ν δέ τι ἐπικωλύσωσιν οἱ ναοποιοὶ τὸν ἐργώνην κατὰ
τὴν παροχὴν τῶν λίθων, τὸν χρόνον ἀποδώσουσιν ὅσον ἂν
ἐπικωλύσωσιν. Ἐγγύους δὲ καταστήσας ὁ ἐργώνης κατὰ
τὸν νόμον, λήψεται τὴν πρώτην δόσιν ὁπόσου ἂν ἐργωνή-
σηι πασῶν τῶν στηλῶν καὶ τῶν θριγκῶν τῶν ἐπὶ ταύτας
50 τιθεμένων, ὑπολιπόμενος παντὸς τὸ ἐπιδέκατον· ὅταν δὲ
ἀποδείξηι πάσας εἰργασμένας καὶ ὀρθὰς πάντηι καὶ τέλος
ἐχούσας κατὰ τὴν συγγραφὴν καὶ μεμολυβδοχοημένας ἀ-
ρεστῶς τοῖς ναοποιοῖς καὶ τῶι ἀρχιτέκτονι, λήψεται τὴν
δευτέραν δόσιν πάντων τῶν γραμμάτων τῆς ἐπιγραφῆς
55 ἐκ τοῦ ὑπομνήματος πρὸς τὸν ἀριθμὸν τὸν ἐκ τῶν ἀντι-
γράφων ἐκλογισθέντα, ὑπολιπόμενος καὶ τούτου τὸ ἐπιδέ-
κατον· καὶ συντελέσας ὅλον τὸ ἔργον, ὅταν δοκιμασθῆι, κομισάσθω τὸ ἐπιδέκατον τὸ ὑπολειφθέν. Καὶ τῶν πόρων τὸ ὑπο-

— Et le paiement des pierres grossières qu'il aura posées,
60 ainsi que des lettres qu'il aura gravées (sur commande survenue)
après qu'il aura touché l'acompte, que (ce paiement) il le reçoive
aussi lorsqu'il touchera le dixième (de retenue), à moins qu'il n'y
ait lieu à lui décompter quelque chose pour amendes.

Et s'il faut faire quelque travail supplémentaire se rattachant à
l'œuvre, il le fera sur le même pied et il en recouvrera (la valeur)
après avoir fait constater (que le travail est) recevable.

Et si le sol déblayé se trouve mou, il y posera par lits des
65 pierres grossières autant qu'il sera utile, et il recouvrera aussi ce
qui lui revient de ce chef en même temps que le dixième (de
retenue).

— Et il posera sur les stèles (déjà) existantes des chaperons
(au nombre de) onze, après avoir écrêté ces stèles autant que nous
le prescrirons, suivant le contour (qui lui sera) donné.

70 Et il arrachera les crampons existant dans les stèles, ceux
(du moins) qui feraient saillie et qui pourraient le gêner dans
l'écrêtement, et ayant creusé plus profondément, il rajustera (ces
crampons) et les scellera au plomb convenablement.

τίμημα ὅσους ἂν θῇ καὶ ὅσα ἂν γράμματα ἐπιγράψῃ
60 μετὰ τὸ τὴν δόσιν λαβεῖν κομισάσθω καὶ τούτων, ὅταν καὶ τὸ ἐ-
πιδέκατον λαμβάνῃ, ἐὰν μή τι εἰς τὰ ἐπιτίμια ὑπολογηθῇ αὐτῶι. Ἐὰν δέ τι πρόσεργον δῆι γενέσθαι συμφέρον τῶι ἔργωι,
ποιήσει ἐκ τοῦ ἴσου λόγου καὶ προσκομιεῖται τὸ γινόμενον αὐτῶι,
ἀποδείξας δόκιμον. Ἐὰν δὲ ὁ τόπος ἀνακαθαιρόμενος μα-
65 λακὸς εὑρίσκηται, προςτρώσει πώροις ὅσοις ἂν χρεία ἦι καὶ
προσκομιεῖται καὶ τούτου τὸ γινόμενον αὐτῶι μετὰ τοῦ
ἐπιδεκάτου. Ἐπιθήσει δὲ καὶ ἐπὶ τὰς στήλας τὰς ὑπαρχού-
σας θριγκοὺς ἕνδεκα, προσπικόψας τὰς στήλας, ἐπιλαβὼν
ὅσον ἂν κελεύωμεν πρὸς τὴν περιτένειαν τὴν δοθεῖσαν·
70 ἐξελεῖ δὲ καὶ τὰ δέματα τὰ ὑπάρχοντα ἐν ταῖς στήλαις ὅσα
ἂν ὑπερέ[χ]ηι καὶ κωλύῃ αὐτὸν ἐν τῆι ἐπικοπῆι, καὶ τρήσας βα-
θύτερα καθαρμόσει καὶ περιμολυβδοχοήσει δοκίμως· ἐμβαλεῖ

Et aussi dans ces ,chaperons) il introduira des goujons et des crampons et les scellera au plomb, et fera le tout comme il a été écrit plus haut.

75 Et nous adjugeons aussi ces chaperons*, savoir : ceux de six pieds et de cinq pieds, au prix de l'adjudication des autres⁹. Quant à ceux de trois pieds, lesquels (sont au nombre de) quatre. nous les compterons à raison de deux pour un chaperon.

Et (l'entrepreneur) touchera l'acompte (afférent à) ces (derniers) chaperons, lorsqu'il aura établi que les stèles ont été exécutées et qu'elles sont en place et scellées au plomb ¹⁰. et que

80 les chaperons posés sur elles sont cramponnés suivant leur face supérieure. Et il touchera aussi l'acompte sur ces (chaperons) sauf retenue d'un dixième, ainsi qu'il a été écrit plus haut.

Et lorsqu'il aura assemblé les chaperons et qu'il aura établi (qu'ils sont) en place. scellés au plomb. terminés, cramponnés sur

δὲ καὶ εἰς τούτους γόμφους, δέματα, καὶ περιμολυβδοχοήσει καὶ ἐργᾶται πάντα καθὼς καὶ περὶ τῶν ἐπάνω γέγραπται. Ἐκ[δ]δομεν δὲ
75 καὶ τούτους τοὺς Θριγκοὺς. τοὺς μὲν ἑκπέδους καὶ πεντεπέδους
τοῦ ἴσου ὅσον ἂν καὶ οἱ λοιποὶ εὕρωσιν, τοὺς δὲ τριπέδους τοὺς
τέτταρας, σύνδυο εἰς τὸν Θριγκὸν ἀπομετρησόμεθα. Λήψεται δὲ καὶ τούτων τῶν Θριγκῶν τὴν δόσιν, ὅταν ἐπιδείξῃ
τὰς στήλας ἐργασμένας καὶ κειμένας καὶ μεμολυβδοχοη-
80 μένας καὶ τοὺς Θριγκοὺς τοὺς ἐπὶ ταύτας τιθεμένους δεδεμένους κατὰ κεφαλήν· λήψεται καὶ τούτων τὴν δόσιν, ὑπολιπόμενος τὸ ἐπιδέκατον, καθὼς καὶ περὶ τῶν ἐπάνω γέγραπται.
Ὅταν δὲ συνθῇ τοὺς Θριγκοὺς καὶ ἀποδείξῃ κειμένους,
μεμολυβδοχοημένους, τέλος ἔχοντας, δεδεμένους κατὰ

* Il a été question au début (l. 7) de chaperons réadjugés à la folle enchère de l'entrepreneur déchu. Les onze chaperons dont il est ici question *sont distincts* de ceux-là et doivent faire l'objet de conventions spéciales : de là les développements qui vont suivre.

⁹ C'est-à-dire au prix de ceux dont la réadjudication a été mentionnée l. 7 et 8.

¹⁰ Ceci est la reproduction textuelle du passage l. 51-52 : en d'autres termes. l'acompte unique relatif à l'adjudication complémentaire dont il s'agit ici sera payé à la même date que le deuxième acompte de l'adjudication principale.

85 leur face supérieure, se raccordant les uns avec les autres exactement, alors il passera les stèles au nitre et il livrera les lettres
propres et il lavera tant que nous l'ordonnerons.

Et les autres choses, qui ne sont pas écrites dans la présente
convention, qu'elles soient suivant le règlement des inspecteurs et
suivant celui des travaux du temple.

85 καρχλήν, συρμώσσοντας πρὸς ἀλλήλους δοκίμως, ἔπειτεν
ἐγκατρώσει τὰς στήλας καὶ ἀποδώσει τὰ γράμματα καθαρὰ
καὶ ἐκπλυνεῖ ἕως ἂν κελεύωμεν. Τὰ δὲ ἄλλα ὅσα μὴ ἐν τῆι
συγγραφῆι γέγραπται, κατὰ τὸν κατοπτικὸν νόμον καὶ να-
σποιχὸν ἔστω.

ESSAI D'INTERPRÉTATION

I

Les archives de marbre d'un temple
d'après l'inscription de Livadie.

Dans cette première partie, l'Inscription nous retrace l'histoire même de ces archives épigraphiques où les magistrats grecs enregistraient leurs actes : elle nous montre les stèles dressées en une longue suite aux abords du temple de Livadie : alignées, couronnées d'une corniche continue, et formant par leur ensemble comme une affiche monumentale où se développent les titres de fondation du temple, sa comptabilité, ses inventaires.

— Le texte de Livadie est, à notre connaissance, le seul document qui fixe le prix de la gravure d'une inscription à l'époque hellénique.

Mille lettres coûtaient 1 statère et 3 oboles. Le statère béotien[1] vaut en chiffre rond 3 drachmes attiques : et, d'après les comptes de l'Erechtheion, la drachme attique représente le prix moyen de la journée d'un ouvrier d'art : on voit donc qu'il fallait dépenser environ une journée d'ouvrier pour graver 300 lettres, soit six à sept lignes d'une inscription telle que la nôtre.

Par une circonstance assez inattendue, mais qui paraît résulter de l'ordre même suivi dans l'énumération des travaux, c'est sur le mar-

[1] Hultsch, *Gr. u. Röm. Metrol.*, 2ᵉ éd., p. 544.

bre dressé et scellé en place que les inscriptions sont sculptées. — On connaissait par les traces de couleur rouge retrouvées sur plusieurs inscriptions l'usage de relever la gravure par la couleur; le texte de Livadie précise le mode d'application de cette couleur : elle se posait à la cire (l. 11 .

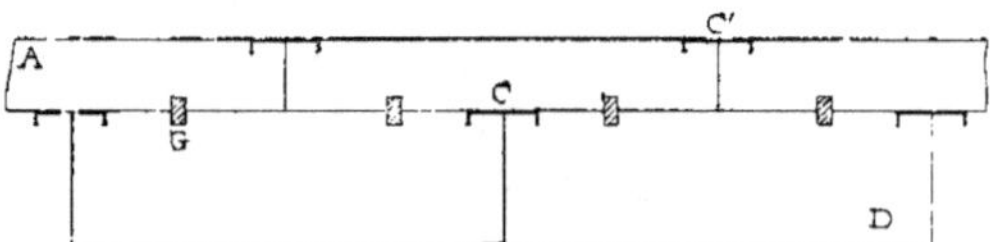

Enfin, les dalles étaient reliées ensemble par des crampons C implantés dans leur lit supérieur, et ces crampons étaient scellés au plomb. La corniche A qui les couronnait se composait de pierres que des goujons G rendaient solidaires des dalles de l'inscription, et que des crampons C' rendaient solidaires entre elles.

II

Examen de quelques clauses administratives et financières.

Pour l'histoire de la gestion des travaux publics, deux faits essentiels ressortent du contrat de Livadie : le mode de fourniture des matériaux, et le système des paiements.

1° FOURNITURE DES MATÉRIAUX.

Les fournitures de matériaux sont faites *directement par l'État* : le passage l. 30 à 47 suppose ce mode de fourniture, et la 2° partie de l'Inscription le prouvera plus clairement encore (l. 93 à 100). En principe, c'est sur la main-d'œuvre seule que porte l'adjudication; et cette règle, qui a laissé sa trace dans presque tous les marchés des anciens Grecs, n'admet guère de dérogation que pour des travaux d'un caractère accessoire et imprévu : tels, dans l'exemple qui nous occupe, les ouvrages éventuels de substruction (l. 64). Pour ces ouvrages seuls, l'entrepreneur est chargé de l'approvisionnement.

2° MODE DE RÉTRIBUTION.

Pour l'acquittement des dépenses, le mode grec diffère tout à fait du nôtre. Nous payons le travail après son achèvement : les Grecs au contraire le soldaient *par une série d'avances* qui s'échelonnaient et permettaient à l'adjudicataire de faire face successivement aux dépenses des diverses parties de son entreprise.

— L'entrepreneur, en possession d'une avance, eût pu tenter de se soustraire à ses obligations : aussi, avant de lui rien avancer, l'État l'astreignait à fournir une caution solvable qui répondît sur sa fortune de l'accomplissement des clauses du marché.

A Livadie, l'entreprise comprend deux opérations principales :
1° La taille et la pose des stèles ;
2° La gravure de ces stèles.

D'après cela, les avances se répartissent comme il suit :

1° Au début, dès que la caution est constituée, l'entrepreneur reçoit un premier acompte qui couvrira par anticipation tous les frais afférents à la première partie de son entreprise : on lui remet à titre d'avance le prix convenu pour la taille et la pose des stèles, mais en retenant un dixième pour la garantie de la bonne exécution de ses obligations, et pour parer, s'il y a lieu, aux frais des amendes qu'il pourra encourir.

2° La pose des stèles est achevée : l'entrepreneur reçoit alors un deuxième acompte évalué d'après les frais qu'entraînera l'achèvement du travail, c'est-à-dire la gravure des inscriptions ; sur ce deuxième acompte, aussi bien que sur le premier, l'État retient le dixième de garantie.

3° Enfin, les travaux étant terminés et reçus, le dixième de garantie est soldé à l'entrepreneur. — Par une curieuse rencontre, cette pratique de la retenue de garantie, ainsi que le chiffre du dixième se retrouvent, de nos jours encore, inscrits dans les clauses générales des adjudications de l'État. Les travaux exécutés en dehors du forfait de l'adjudication ne sont pas sujets à la retenue du dixième (l. 57 à 67).

— Ce système d'avances successives a comme avantage de rendre les entreprises de travaux publics accessibles à tous : les avances suppléant à l'absence des capitaux, tout homme intelligent peut prétendre aux bénéfices d'une entreprise qu'il est capable de diriger.

Un autre avantage de ce mode de paiement, c'est qu'il simplifie les mouvements de fonds. Chez nous l'entrepreneur doit se procurer — et souvent par voie d'emprunts onéreux — l'argent qui lui permettra d'assurer la marche du chantier : grâce au mode de versements anticipés sur caution, tout emprunt devient superflu.

En somme, recrutement plus large des soumissionnaires et réduction des frais de louage d'argent, tels paraissent être les mérites du régime grec.

Ce régime fut en vigueur jusqu'à l'époque romaine : un devis de Pouzzoles[13] en fait foi : « La moitié de l'argent, dit-il, sera donnée *dès que la caution aura été dûment constituée*: l'autre moitié sera payée une fois l'ouvrage terminé et reçu. »

Cette inscription de Pouzzoles nous offre incidemment l'exemple d'un cas assez curieux, celui d'un entrepreneur offrant une solvabilité suffisante pour répondre, par une hypothèque constituée sur ses propres biens, de l'exécution de ses engagements : l'entrepreneur de Pouzzoles est « *redemptor idemque præs* ».

[13] C. I. L. n° 577 ; Egger, *Lat. serm. vetust. reliquiæ*, p. 248.

III

L'inscription de Livadie et le règlement des travaux publics de Tégée.

Il existe la plus frappante ressemblance entre les clauses du contrat de Livadie et celles d'un cahier des charges retrouvé à Tégée : des articles entiers se reproduisent d'un texte à l'autre pour ainsi dire dans les mêmes termes. Cette analogie a déjà été signalée[1] : aussi nous nous contenterons de rappeler, en les mettant en regard des articles du contrat de Livadie, quelques-unes des clauses du règlement de Tégée : nous les empruntons à l'excellente traduction de M. Foucart[2].

CONTRAT DE LIVADIE	RÈGLEMENT DE TÉGÉE
L. 20 : Et si quelqu'autre parmi ceux qui travaillent avec l'entrepreneur est en quelque chose convaincu de malfaçon, qu'il soit chassé du chantier, et que désormais il ne participe plus au travail. Et s'il n'obéit pas, il sera puni d'amende lui aussi en même temps que l'entrepreneur. (formule reproduite l. 174.)	L. 45 : Si quelqu'un des entrepreneurs ou des ouvriers paraît nuire aux travaux, ne pas obéir à ceux qui les inspectent ou tenir peu de compte des amendes fixées, que les adjudicateurs aient plein pouvoir de chasser l'ouvrier du travail et d'infliger à l'entrepreneur une amende...
L. 30 : Et que l'entrepreneur n'endommage en rien les objets qui sont dans l'enceinte sacrée : s'il cause quelque dommage, qu'il le répare à ses propres frais, exactement et dans le délai que les préposés au temple fixeront.	L. 37 : Si quelqu'un ayant entrepris un travail, endommage un autre travail existant, soit religieux, soit civil, soit public, soit privé, contrairement au contrat d'adjudication, qu'il rétablisse à ses frais ce qui aura été endommagé, le remettant en aussi bon état qu'il était à l'époque de l'entreprise.

[1] Fabricius, *de archit. graeca*.

[2] À la suite du *Voyage archéol.* de Le Bas, Inscr. n° 340e Béotie.

L. 42 : Et si les entrepreneurs sont en désaccord entre eux au sujet de quelqu'une des choses écrites ci-dessus, les préposés au temple jugeront, après avoir prêté serment, en présence des ouvrages, étant au nombre de plus de moitié. Et que les jugements qu'ils auront portés soient sans appel.

L. 87 : Et les autres choses qui ne sont pas écrites dans la présente convention, qu'elles soient suivant le règlement des inspecteurs et suivant celui des travaux du temple.

L. 1 : Que les adjudicateurs jugent les contestations relatives aux travaux, qui pourront s'élever entre les entrepreneurs d'un même travail... Et que le jugement des adjudicateurs soit sans appel.

L. 52 : Pour tout ouvrage, soit religieux, soit civil, qui serait concédé, que ce règlement soit valable, s'ajoutant au contrat conclu en outre pour cet ouvrage.

Assurément ces rencontres ne sont pas fortuites : le contrat de Livadie est un marché reproduisant par extraits les clauses essentielles de quelque formulaire-type, adapté aux convenances spéciales de l'entreprise. Et ce formulaire n'est autre chose qu'un règlement général tel que celui de Tégée : un cahier de clauses dont les prescriptions font loi à défaut de conventions contraires, et auquel le texte de Livadie se réfère d'ailleurs de la façon la plus expresse par son dernier article (l. 87).

IV

L'inscription de Livadie et un marché de Délos.

Les principales dispositions administratives et pénales du contrat de Livadie sont à leur tour reproduites dans un marché de Délos (C. I. G., n° 2266) : on y reconnaît (l. 12) la clause des paiements par avances; plus loin (l. 23) on y retrouve la mention de fournitures faites directement par l'État. Mais il est un détail des adjudications que le marché de Délos seul nous indique, je veux parler de ce singulier procès qu'il prévoit sous le nom de διαψήφισις. Voici le passage qui a trait à cette enquête :

L. 8 : « **Et celui qui doit entreprendre** ayant, avant l'entreprise,
versé cent drachmes (comme garantie) du mensonge, qu'il entre-
prenne. Mais (s'il y a procès de mensonge) celui qui aura gagné le
procès de mensonge (et qui, par le fait, se trouvera substitué à l'adjudicataire), qu'il constitue des garants de la vérité avant de prendre en
main les travaux. Et, lorsqu'il aura constitué des garants de la vérité,
que celui qui aura perdu (le procès) de mensonge paie l'amende... »

— Ce « procès de mensonge », si bizarre en apparence, rentre
pleinement dans l'esprit des institutions grecques : la δίκη ψεύδους est
pour l'adjudicataire l'équivalent exact de la *dokimasie* qui atteignait à
leur entrée en charge tous les magistrats, et s'étendait même aux orateurs : je ne puis mieux faire pour caractériser cette curieuse institu-
tution, que de citer le Mémoire de M. G. Perrot sur le *Droit public
d'Athènes* (p. 79) :

« Il y avait deux espèces de dokimasie, que l'on a souvent con-
fondues et qu'il importe de distinguer. La première, qui était de droit
strict, se rencontrait à l'entrée de toutes les magistratures proprement
dites, c'était la porte par laquelle tous, sans exception, étaient tenus
de passer. La seconde, ce n'était pas sur les magistrats qu'elle portait,
mais sur les hommes publics, sur les Orateurs ; ce n'était donc plus
une formalité à laquelle on fût assujetti de toute nécessité, mais une
épreuve à laquelle il fallait toujours se tenir préparé. C'était une action
judiciaire où le demandeur, le premier citoyen venu, prétendait faire
déclarer par le tribunal que tel Orateur s'était permis de donner des
conseils au peuple sans remplir les conditions que d'anciennes et
augustes lois imposaient à ceux qui osaient aspirer à ce rôle. »

Transportez le principe de ce contrôle au cas des travaux publics :
la δίκη ψεύδους s'explique immédiatement et prend sa place dans l'ensemble des institutions helléniques :

Tout soumissionnaire est tenu, avant l'adjudication, de verser un
cautionnement (qui est, à Délos, de 100 drachmes, comme garantie

de la loyauté de ses engagements. Si, après l'adjudication, un tiers lui intente un procès de fraude ou « de mensonge », c'est-à-dire attaque la loyauté de ses engagements et si ce tiers gagne le procès, le premier entrepreneur se trouve déchu et puni d'amende, et le tiers lui est substitué dans l'entreprise, sauf à constituer à son tour une caution.

Est-ce à la suite d'un procès de ce genre que les travaux de Livadie furent réadjugés? — Peut-être : toutefois le *Procès de mensonge* s'intentait aussitôt après l'adjudication prononcée, tandis qu'à Livadie les travaux étaient fort avancés au moment de la résiliation. Cette circonstance donnerait à penser que la rupture du marché fut motivée simplement pour l'inobservation de quelque convention résolutoire : quoi qu'il en soit, cet usage étrange m'a paru assez caractéristique des mœurs administratives des Grecs, pour trouver place à la suite des clauses qui figurent explicitement au contrat de Livadie.

LE DALLAGE

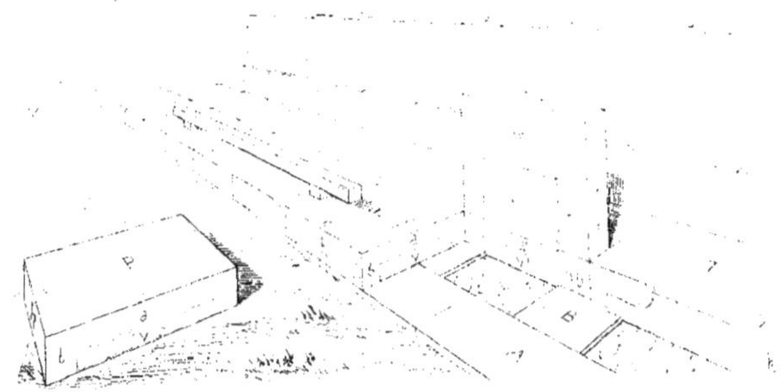

LÉGENDE

I. — Substructions.

A. — Substruction longitudinale : arasée à taille lisse :
B. — Éperons transversaux : simplement taillés à la laye fine.

II. — L'ancien dallage.

X, Y. — Limites de l'ancien dallage.
T. — Pierres de l'ancien dallage :
  k. — *Tranche verticale*, laissée à l'état d'ébauche en attendant un ravalement sur tas.
  b' a'. — *La même tranche, après ravalement :*
    a'. — Bordure supérieure, ciselée sur tas :
    b'. — Bordures verticales : ciselées aussi sur tas, mais simplement au ciseau dentelé.
    c'. — Partie centrale : grossièrement taillée.

III. — Le nouveau dallage.

1° P. — Une pierre prête a poser :
  P. — *Face supérieure,* laissée à l'état d'ébauche en attendant un ravalement sur tas.
  h. — *Face latérale.*   id.
  b a v. — *Plan de joint :*
    a b. — Bordure ciselée :
    v. — Partie centrale : grossièrement taillée.
2° S. — La même pierre, vue par dessous :
  m n f. — *Lit de pose :*
    m. — Bordure antérieure : taille entièrement lisse :
    n. — Bordures latérales : simplement taillées à la laye fine :
    f. — Partie centrale : grossièrement taillée.
3° R. — Pierre posée :
  b a. — *Plan de joint* déjà décrit, à propos de la pierre P.
  h. — *Face latérale,*   id.
  R. — *Face supérieure :*
    e. — Bordure d'encadrement, ciselée sur tas au ciseau dentelé.
    R. — Partie centrale : dressée sur tas à la laye ordinaire.
  Le dessin montre la disposition des *règles* qui servent au nivellement.

SECONDE PARTIE

La seconde des inscriptions du temple de Livadie, ou plutôt la seconde des inscriptions réunies sur la même dalle de ses archives, a trait à l'élargissement d'un carrelage au pourtour du temple. C'est un exposé des procédés à mettre en œuvre, de la marche à suivre, des outils à employer : exposé verbeux, dont nous croyons devoir faire précéder la traduction littérale d'un dessin qui la résume.

Le dessin ci-joint, que nous donnons comme la traduction graphique du texte, présente :

1° Une vue d'ensemble des dalles ;

2° Une dalle P non encore posée ;

3° Une dalle S. renversée comme si on lui eût donné quartier de manière à montrer l'aspect de sa face inférieure.

TRADUCTION[1]

90   Pour le temple de Jupiter-Roi, pour la plate-forme à l'intérieur du sanctuaire.

Façon et pose des dalles de carrelage, destinées au long côté.

Εἰς τὸν ναὸν τοῦ

90 Διὸς τοῦ βασιλέως εἰς τὴν ἔξω περίστασιν τοῦ σηκοῦ
τῶν εἰς τὴν μακρὰν πλευρὰν καταστρωτήρων ἐργα-

[1] La reconstitution des parties effacées de l'inscription est en général conforme à celle de M. Coumanoudes, modifiée et complétée par M. Fabricius.

(REMISE DES MATÉRIAUX A L'ENTREPRENEUR.)

Celui qui aura entrepris la façon et la [pose] (ayant reçu) des préposés au temple, pour le temple de Jupiter-Roi, pour la plate-forme à l'extérieur du sanctuaire, pour le long côté de l'espace
95 regardant vers le midi, les pierres (des dalles [en roche] dure de Livadie, au nombre de treize, et dont les dimensions, largeur et longueur et épaisseur, seront conformes à (celle des) pierres en place et terminées suivant le long côté, auprès desquelles celles-ci se posent :

100 L'entrepreneur ayant donc pris en charge les pierres auprès du temple, à l'endroit où elles ont été reçues : (pierres) saines, ayant les dimensions (et) répondant quant aux grandeurs aux prescriptions :

(TAILLE DES FACES DE LITS.)

D'abord, de toutes ces pierres (cet entrepreneur) fera les faces de lits (/*[1]*) droites, non louches, sans épaufrures, dressées à la sanguine, savoir :

σία καὶ συνθέσει. Ὁ ἐργωνήσας παρὰ τῶν ναοποιῶν
εἰς τὸν ναὸν τοῦ Διὸς τοῦ βασιλέως εἰς τὴν ἔξω περίστασιν τοῦ σηκοῦ τῶν εἰς τὴν μακρὰν πλευρὰν τοῦ
95 τόπου τοῦ πρὸς μεσημβρίαν βλέποντος καταστρω[τήρων πέ-
τρας τῆς σκληρᾶς τῆς Λεβαδεικῆς τὴν ἐργασίαν καὶ [σύνθε-
σιν, πλῆθος δεκατρεῖς, μέτρα δὲ τούτων ἔσται μῆκος [καὶ
πλάτος καὶ πάχος ἀκόλουθα τοῖς κειμένοις καὶ τέλος [ἔ-
χουσιν ἐν τῆι μακρᾶι πλευρᾶι, πρὸς οὓς οὗτοι τίθενται παρα-
100 λαβὼν δὲ ὁ ἐργώνης τοὺς λίθους παρὰ τὸν ναόν, οὓς καὶ [ἐδέ-
ξατο, ὑγιεῖς, τὰ μέτρα ἔχοντας, ἐκποιοῦντας πρὸ[ς
τὰ μεγέθη τὰ γεγραμμένα, πρῶτον μὲν ἐργάται τῶν λίθων
πάντων τὰς βάσεις ὀρθὰς, ἀπαραβεῖς, ἀρραγεῖς, συμβλήτου'ς.

[1] Βάσις est le plan de lit, Ἀπτὼν ἁρμός un joint fuyant, un joint caché, l. 112 est un joint vertical ordinaire ; πρεπτὼν ἁρμός l. 106 est la face verticale h qui fait parement.

A l'aide du taillant dentelé (à dents) serrées, affûté :

105 Toutes les parties (*n*, *m*) qui portent sur les éperons transversaux
(B) et sur la substruction longitudinale (A), sur une largeur d'au
moins deux pieds à partir du joint de face (*h*) ; et, pour les
(parties) moyennes (*v*) de la face de contact, à l'aide du taillant
dentelé, rude ;

Faisant le tout droit conformément (aux indications d') une
règle continue, (règle qui ne sera) pas moindre : (en longueur),

110 que la pierre travaillée ; en largeur, que six doigts ; en hauteur,
que un demi-pied.

— Et, sous toutes les dalles, il champlèvera par rapport au
(plan de) lit (*f*) :

(Tout) ce qui porte sur les substructions longitudinales (zone *m*) :

(Et), à partir du joint fuyant [17], ce qui sera indiqué (tant) en
largeur (qu') en profondeur (zone *n*) :

Faisant le champlevage ainsi qu'il a été dit à propos des lits [18] :

Faisant la profondeur de ce champlevage le long de la substruction longitudinale (c'est-à-dire en *m*) d'au plus un petit doigt.

ἀπὸ ξοίδος χαρακτῆς, πυκνῆς, ἐπηκονημένης τὰ ἐπιβαί-
105 νοντα πάντα ἐπὶ τοὺς κρατευτὰς καὶ ἐπὶ τὴν ὑπευθυντη[ρί-
αν μὴ ἔλαττον ἢ ἐπὶ δύο πόδας ἐκ τοῦ προσιόντος ἁρμοῦ, τὰ
δὲ μέσα συνάγοντα ἀπὸ ξοίδος χαρακτῆς, τραχείας, ποιῶν ὀρθὰ πάντα πρὸς κανόνα διηνεκῆ, μὴ ἐλάττω τοῦ ἐν-
εργουμένου λίθου, πλάτος μὴ στενότερον δακτύλων ἕξ,
110 ὕψος ἡμιποδίου. Ὑποτεμεῖ δὲ τῶν καταστρωτήρων πάντων ἐν βάσεως τὸ ἐπὶ τὴν ὑπευθυντηρίαν ἐπιβαῖνον, ἐ[κ
τοῦ ἀπιόντος ἁρμοῦ πλάτος καὶ βάθος τὸ δειχθέν. ἐρ-
γαζόμενος τὰς ὑποτομὰς καθὼς καὶ περὶ τῶν βάτεω[ν
γέγραπται. χάλασμα ποιῶν ἐν τῆι ὑποτομῆι τῆι παρὰ τὴ[ν

[17] C'est-à-dire à partir du *joint* proprement dit : cette indication était nécessaire, puisque
nous venons de voir que la face verticale *h* de parement porte, elle aussi, le nom d'ἁρμός.

[18] Ce champlevage n'est en effet autre chose que la taille même de la zone de bordure *m*, à
laquelle se rapporte la ligne 104.

TAILLE DES FACES DE JOINTS.

115   Et tous les joints fuyants des dalles[1], il les fera dressés rouge,
droits, non louches, sans épaufrures[2], verticaux, à angles bien
réglés à l'équerre, pleins au pourtour sur trois côtés (b, a, b)
la largeur d'au moins neuf doigts, taillés (sur cette largeur de
neuf doigts) à l'aide du lissoir lisse affûté, en les vérifiant exacte-
120 ment à la sanguine. — Quant aux (parties) moyennes (v) de la
face de contact, il les fera à l'aide du taillant denté, rude.

Et il fera l'encadrement (b, a, b) de tous les joints fuyants, à
la règle de pierre; vérifiant exactement à la sanguine, (et) recti-
fiant par frottement, chaque fois que nous l'ordonnerons, toutes
125 les règles d'après la (règle)-étalon de pierre qui est déposée dans
le temple.

RAVALEMENT DES JOINTS D'ATTENTE DES ANCIENNES DALLES.

Et il retaillera aussi les joints fuyants (b a b) des dalles qui
sont en place et terminées contre lesquels il devra poser (les nouvelles dalles :

115 ὑπευθυντηρίαν μὴ πλέον ἐκτωλέσκου. Ἐργάσεται δὲ καὶ
τοὺς ἁρμοὺς πάντας τοὺς ἀπιόντας τῶν καταστρωτή-
ρων συμπλάτους, ὀρθούς, ἀπαραλλάκτους, ἀρραγεῖς, καθέτο[υ]ς, εὐ-
γωνίους πρὸς τὸ προ[σ]αγωγεῖον, στερεούς, κόλλωσι τὰ τρία
μέρη, μὴ ἔλαττον ἐκ δακτύλων ἐννέα ἀπὸ λειουργίου λείου, ἐ-
120 πικεκριμένους, μιλτολογῶν δοκίμως· τὰ δὲ μέσα συν-
λεαίνοντα ἀπὸ ξοίδος χαρακτῆς τραχείας, καὶ ἀνακαθαρώ-
σει τοὺς ἁρμοὺς πάντας τοὺς ἀπιόντας κανόν[ι] λιθί-
νωι μιλτολογῶν δοκίμως· ἐναξίων τοὺς καν[όν]ας
πάντας, ὁσάκις ἂν κελεύσωμεν, πρὸς τὸν κανόν[α] τὸν λίθινον
125 τὸν ἐν τῶι ἱερῶι ὑπάρχοντα δόκιμον. Ἀποξέσ[ε]ι δὲ καὶ
τοὺς ἁρμοὺς τῶν καταστρωτήρων τοὺς ἀπι[όντας
τῶν] κειμένων καὶ τέλος ἐχόντων, πρὸς οὓς μ[έλλε.

[1] C'est-à-dire les joints latéraux et les joints postérieurs.
[2] Ces quatre premières conditions sont celles qui ont été prescrites pour les *lits* (l. 103);
celles qui vont suivre sont spéciales aux *joints*.

Ayant tendu le (cordeau de) lin horizontalement dans la direction [de l'alignement] (du joint qui va) de gauche à droite, et
130 (un autre cordeau) dans l'alignement du parvis (qui est) en avant
du long côté (lignes X et Y), et, ayant (à l'aide de ces cordeaux)
battu des lignes en présence de l'architecte, qu'il abatte ce qui se
trouvera en saillie, à l'aide du ciseau: faisant (ainsi les pierres T à)
la largeur donnée; faisant le tout droit, à arêtes vives.

Et le rebord supérieur (a') de (la tranche de) toutes les treize
pierres posées, qu'il le dresse au rouge suivant une règle longue
135 d'au moins vingt pieds, d'une épaisseur de six doigts, d'une hauteur d'un demi-pied : vérifiant à la sanguine (et aplanissant) à
l'aide du lissoir lisse, affûté ; faisant (le rebord) droit, sans épaufrures, ajusté au rouge sur une profondeur d'au moins neuf doigts.

(Il dressera ce rebord a') ayant auparavant taillé sur toutes les
pierres des (ciselures) directrices (b') le long des joints (verticaux)
140 en se guidant d'après l'équerre et d'après la ligne battue, le long
de laquelle il exécutera la taille latérale (c')[21].

τιθέναι, ἐκτείνας τὴν λινέην κατὰ κεφαλή[ν διατε-
νείου ἐν ὀρθῶι [ἀρι]στεραχόθεν καὶ τοῦ προδόμ[ου πρὸ τῆς
130 μακρᾶς πλευρᾶς, καὶ γραμμὰς καταγραψάμε[νος παρόν-
τος τοῦ ἀρχιτέκτονος ἀφελέτω τὸ πρόεργον [τὸ ὑπάρχ-
ον ἀπὸ κολαπτῆρος, πλάτος ποιῶν τὸ δοθέν. ποιῶν πάντα
ὀρθά. ἐξώδρια καὶ μιλτολογησάτω τὴν ἄκραν πάντων τῶν
λίθων τῶν κειμένων τῶ[ν] τρεισκαίδεκα πρὸς κ κανόνα
135 μακρὸν μὴ ἔλαττον ποδῶν εἴκοσι, πάχος ἐξ δακτύλων.
ὕψος ἡμιποδίου, μιλτολογῶν ἀπὸ λειστρίου λείου. ἐπηκονημένου, ποιῶν ὀρθά, ἀρραγῆ, σύμμαλτα, βάθος μὴ ἔλαττον ἐννέα
δακτύλους. πρῶτον διαξέσας σημεῖα παρὰ τοῖς ἁρμοῖς
καθ' ἕκαστον τῶν λίθων ἐν ὀρθὸν πρὸς τὸ προσαγωγεῖον
140 καὶ τὴν γραμμὴν τὴν καταγραφεῖσαν, πρὸς ἣν ἐπαράξε-

[21] C'est-à-dire qu'on effectuera les opérations dans l'ordre suivant :
    1° Les amorces verticales b' ;
    2° Les amorces horizontales a' :
    3° La surface intermédiaire c'.

Et il exécutera aussi la taille latérale le long de la ligne battue dans la direction du parvis (direction Y); il la fera de la même manière.

Ensuite il fera à la règle de pierre l'encadrement (*b' d' b'*) des joints des dalles qui sont en place, contre lesquelles il devra poser (des nouvelles dalles), suivant ce qui a été écrit au sujet des joints (des nouvelles dalles).[72]

(POSE DES NOUVELLES DALLES.)

145 Et lorsqu'il devra poser les nouvelles, pierres, il écrêtera horizontalement les éperons ainsi que la substruction longitudinale. (savoir) :

Les éperons (B), à l'aide du taillant dentelé (à dents) serrées, affûté.

Et la substruction longitudinale (A), à l'aide du taillant mousse, conformément aux (parties) qui sont en place et terminées, et il montrera qu'elles ont été écrêtées exactement.

150   — Ensuite il posera les dalles, faisant comme il a été écrit : commençant la pose de gauche à droite, ainsi qu'il lui aura été

ται τὴν παραξοήν· παραξέσει δὲ καὶ τὴν ἐν τῶι πρ[οσ]όψωι γραμμὴν ὡσαύτως. Ἔπειτεν ἀναθυρώσει τοὺς ἁρμοὺς πρὸς τὸν
κανόνα τὸν λίθινον τῶν κειμένων καταστρωτήρων, πρὸς
οὓς μέλλει τιθέναι, καθὼς καὶ περὶ τῶν ἀπιόντων [ἁρμ]ῶν
145 γέγραπται. Ὅταν δὲ μέλλῃ τιθέναι τοὺς λίθους, πρ[οαπικόψει
τοὺς κρατευτὰς κατὰ κεφαλὴν καὶ τὴν ὑπεοθοντη[ρίαν, τοὺς
μὲν κρατευτὰς ἀπὸ ξοΐδος πυκνῆς, χαρακτῆς, ἐπ[η]κονημέ-
νης, τὴν δὲ ὑπεοθοντηρίαν ἀπὸ ξοΐδος ἀριστέρ[ο]υ ἀκολού-
θως τοῖς κειμένοις καὶ τέλος ἔχουσιν, καὶ ἀποδείξ[ει ἐπικε-
150 κομμένα δοκίμως. Εἶτεν θήσει τοὺς καταστρωτῆ[ρ]ας, ἐργα-
ζόμενος καθὼς γέγραπται, ἀρχόμενος τῆς θέσεω[ς ἀριστε-

---

[72] En d'autres termes, on appliquera au ravalement des joints d'attente *b'd'b'* toutes les prescriptions qui ont été formulés l. 115 pour les joints *b d b* des dalles nouvelles.

indiqué; plaçant une (pierre) dans l'intervalle de deux joints :
(pierre) coincée sur (toute) sa hauteur, et régnant à niveau avec
celles qui sont en place et terminées.

DIGRESSION SUR LE DRESSAGE AU ROUGE.

Et il se servira pour toutes les règles d'huile épurée et de sanguine de Sinope.

155   Et s'il ne se sert pas de sanguine de Sinope ou d'huile épurée, il
sera puni d'amende par les préposés au temple et par les Bœotarques, et on ne lui laissera plus sceller aucune pierre jusqu'à ce
qu'il ait prouvé aux préposés au temple qu'il fait usage de sanguine de Sinope et d'huile épurée.

(RÉCEPTION[23].)

160   Et il soumettra la façon et la pose à l'architecte ; mais au sous-
architecte (il soumettra) les joints et les lits de toutes les pierres :
constatant avec lui l'ajustage[24], (vérifiant) les faces de lits à

ραχόθεν, ὡς ἂν αὐτῶι δειχθῆι, ἕνα ἁρμ' ἁρμόν ἐμβάλλων, κατὰ ὕ-
φος ἐπίσφηνον, κατὰ κεφαλὴν δὲ στοιχοῦντα τοῖς κειμένοις
καὶ τέλος ἔχουσιν. Καὶ ἐλαίωι δὲ καθαρῶι πρὸς πάντας τοὺς κα-
155 νόνας χρήσεται καὶ μίλτωι Σινωπίδι· ἐὰν δὲ μὴ χρῆται μίλτωι Σινωπίδι ἢ ἐλαίωι καθαρῶι, ζημιωθήσεται ὑπὸ τῶν ναοποιῶν καὶ βοιωταρχῶν, καὶ οὐ πρότερον αὐτῶι λίθος οὐδεὶς
κατακλεισθήσεται ἕως ἂν ἐπιδείξηι τοῖς ναοποιοῖς χρησά-
μενος μίλτωι Σινωπίδι δοκίμωι καὶ ἐλαίωι καθαρῶι. Ἀποδεί-
160 ξει δὲ τὴν μὲν ἐργασίαν καὶ τὴν σύνθεσιν τῶι ἀρχιτέκτονι, τῶι δ' ὑ-
παρχιτέκτονι τῶν λίθων πάντων τοὺς ἁρμοὺς καὶ τὰς ῥά-

---

[23] Ainsi que le montreront les notes qui vont suivre, ce programme des opérations de
réception répond *article par article* aux prescriptions mêmes du devis dont il est le résumé :
cette remarque peut, je crois, aider à saisir le sens des formules de ce programme, qui sont
parfois abrégées jusqu'à l'incorrection.

[24] Τρῖμμα paraît impliquer l'idée de choses ajustées, « qui frottent » exactement l'une
sur l'autre : l. 160, 164, 165.

l'aide de [l'huile vert e, d'olive,][24] (s'assurant) que (les dalles
siègent bien à la place (qui leur est) propre, qu'elles sont entières,
qu'elles ne bronchent pas, qu'elles n'ont point de défaut, qu'elles
ne sont pas calées par dessous, qu'elles s'ajustent exactement
165 les unes contre les autres; éprouvant par le son les vides des surfaces de contact ; (vérifiant) :

Que ce qui porte sur les éperons (est fait) au taillant dentelé,
(à dents) serrées, affûté[25] :

Que (ce qui porte) sur[26] la substruction longitudinale est fait
au taillant mousse[27]:

En ce qui concerne les joints : les (vérifiant) à l'huile [et au
fil à plomb; (constatant qu'ils sont faits) au lissoir lisse, affûté[28].

Et lorsqu'il aura terminé, ayant passé au nitre le joint et
170 l'ayant lavé à l'eau pure, ensuite qu'il le scelle.

Mais que l'entrepreneur (fasse) l'introduction des goujons et

σεις, ἅμα γραμματολογῶν, τὰς μὲν βάσεις ἐκ γλόης ἢ λαΐας
ἐν ταῖς ἰδίαις χώραις βεβηκότας, ὅλους, ἀτμήτους, ἀειγλή-
τους, ἀνυποκάτους, ὁμοσχέοντας, διακρούων τὰ δ ... ...
165 .... τῶν γραμμάτων, τὰ μὲν εἰς τοὺς κρατευτὰς ἀπὸ ξοίδος χα-
ρακτῆ, ποικῆς, ἐπηκονημένας, τὸ δὲ ὑπὸ τὴν ὑποδύην περι-
.. ἀπὸ ξοίδος ἀριστερου, τοὺς δὲ ἁρμοὺς ἐξ ἐλαίου κ αἰ μολυ-
βδίου ἀπὸ λειστρίου λείου, ἐπηκονημένου. Ὅταν δὲ συντε λέσῃ
τὸν ἁρμὸν λιγνιτρώσας καὶ ἐκπλύνας ὕδατι καθαρόν, ἔπ ειτεν
170 κατακλειέτω. Τὴν δὲ ἐμβολὴν τῶν γόμφων καὶ τῶν δ ρμάτων
καὶ τῶν π ελα κίνων καὶ τὸν σταθμὸν τούτων καὶ τὴν μ ολυββο-

[24] Ce « vert d'olive » répond probablement à l'*oleum viride* des Latins, qui était une qua-
lité d'huile d'un prix fort élevé (Columell., XII, 50).

[25] Cf. prescriptions, l. 105.

[26] Ὑπέ pour ἐπί : Il y a évidemment ici, soit une faute du graveur, soit une erreur du
copiste.

[27] Ce détail paraît avoir été négligé dans l'énoncé des prescriptions l. 104 et suiv.

[28] Cf. prescript. l. 119.

des crampons et des queues d'aronde et la pesée de ces (ferrements) et (leur) scellement au plomb entièrement en présence
des préposés au temple, présent lui-même : mais, en secret,
qu'il ne scelle absolument rien.

Et s'il scelle quelque chose en secret, il refera le tout depuis
le commencement.

(CLAUSES PÉNALES.)

Et il sera puni d'amende par les préposés au temple et par les
175 Bœotarques suivant ce qu'il paraîtrait mériter s'il ne fait pas
(une partie) des choses écrites dans la convention.

Et si quelque autre parmi ceux qui travaillent avec lui est en
quelque chose convaincu de malfaçon, qu'il soit chassé du chantier et que désormais il ne participe plus au travail. Et s'il n'obéit
pas, il sera puni d'amende lui aussi en même temps que l'entrepreneur, et (l'entrepreneur) ne scellera plus aucune pierre
180 jusqu'à ce qu'il ait fait ce qui est écrit.

Et si par hasard en cours d'exécution il importe d'ajouter ou
de retrancher à quelqu'une des dimensions prescrites, il fera
comme nous commanderons.

χοῖαν πᾶσαν τοῖς ναοποιοῖς παρὼν αὐτὸς ὁ ἐργώνης, ἀναπί-
δεικτον [δ]ὲ μηθὲν καταλειπέτω· ἐὰν δέ τι καταλείπῃ ι, πάλιν
τε ἐξ ἀρχῆς ἄρας ποιήσει, καὶ ζημιωθήσεται ὑπὸ τῶν ναοποιῶν
175 καὶ βοιωταρχῶν καθ' ὅ τι ἂν φαίνηται ἄξιος εἶναι μὴ ποιῶν [τῶν ἐν
τ]ῇ συγγραφῇ γεγραμμένων. Καὶ ἐάν τις ἄλλος τῶν συν ἐρ-
γαζομένων ἐξελεγχηται τι κακοτεχνῶν, ἐξελαυνέσθω ἐκ τοῦ
ἔργου καὶ μηκέτι συνεργαζέσθω· ἐὰν δὲ μὴ πείθηται, ζημιωθήσεται καὶ οὗτος μετὰ τοῦ ἐργώνου, καὶ οὐ πρότερον οὐδὲν κ με-
180 λοββοχήσει λίθον, ἕως ἂν ποιήσῃ τὰ γεγραμμένα. Ἐὰν δέ που παρὰ
τὸ ἔργον συμφέρῃ τινὶ μέτρωι τῶν γεγραμμένων προσλιπεῖν ἢ
συνελεῖν, ποιήσει ὡς ἂν κελεύσωμεν. Ὅταν δὲ συνθῇ π κατας

RAVALEMENT DU DESSUS DU DALLAGE NEUF.

Et lorsqu'il aura assemblé toutes les dalles, qu'il les écrète horizontalement, conformément à celles qui sont en place et terminées ; et qu'il fasse le dressage au rouge à l'aide du taillant 185 dentelé, exactement, suivant la règle longue[30] : travaillant au ciseau toutes les pierres sur leur pourtour[31], nivelant ensuite, en crête d'après le pourtour des dalles, ayant préparé des cubes de bois sec d'olivier sauvage, et ayant montré le tout droit et dressé au rouge...

τοὺς καταστρωτῆρας, ἐπικολάτω κατὰ κεφαλὴν ἀκολουθ ὡς τοις κειμένοις καὶ τέλος ἔχουσι, καὶ μιλτολογησάτω ἀπὸ ξοῒδος χαρα-
185 κτῆρι δοκίμως τὸν μακρὸν κανόνι, διακολαπτηρίζων τοὺς ε λίθους κολλοι πάντας, διατηρίζομενος κατὰ κεφαλὴν ἀπὸ τῆς ὁ παρχού-
σης παρατεινείας τῶν καταστρωτήρων, κύβους κατασκευ κατάμε-
νος ξύλων ξηρῶν ἀγριελαΐνων καὶ ἀποδείξας ὀρθὰ καὶ σὺν μίλτα.

[30] Cf. I. 135.
[31] Encadrement ».

INTERPRÉTATION TECHNIQUE

I

Objet de l'entreprise. — État des chantiers
lors de l'adjudication.

L'entreprise à laquelle se rapporte ce long devis est fort simple
en elle-même : un élargissement de trottoir : l'extrême précision de
travail que les Grecs s'imposaient en toutes choses explique seule la
minutie des détails.

Le trottoir doit comprendre deux rangées de dalles, T et R.

De ces deux rangées, l'une (T) est entièrement posée, à l'autre il
manque treize dalles destinées à couvrir l'espace compris entre les
lignes X et Y.

L'administration a fait approvisionner ces treize dalles ; et c'est
aux opérations de la pose qu'est exclusivement consacré le marché.

— Les dalles de la rangée T, avons-nous dit, sont en place :
mais on a eu soin, en vue d'éviter les chances d'épaufrures, de laisser
brutes les faces verticales d'attente X et Y, sauf à les dresser seulement lors de la pose de la nouvelle rangée R (l. 126).

Quant à cette rangée R, ses fondations sont assises : elles consistent en une substruction longitudinale A formant bordure extérieure,
et une série de substructions transversales B, faisant éperons (l. 115).

Mais, par la même attention qui a déterminé à laisser brutes les faces verticales d'attente X et Y, on a laissé brute la face de lit de cet ensemble de substructions ; le ravalement de la face de lit ne doit s'exécuter *qu'au moment* de la pose des nouvelles dalles.

II

Taille préparatoire d'une dalle.

Pour la taille d'une dalle, les opérations se succèdent dans l'ordre suivant :

1° Dressage de la face inférieure.

D'abord le tailleur de pierre ébauche sur toute son étendue la face horizontale *f* qui doit former le dessous de la dalle.

Puis, comme il suffit d'obtenir un dressage exact dans les parties où la dalle doit poser sur l'assise de fondation, l'ouvrier exécute le long des arêtes *n, m, n* une ciselure très correcte ; ce sera la surface de contact. La largeur de la bande ciselée *m* est de deux pieds ; celle des bandes *n* est réglée d'après celle des éperons B.

2° Dressage des faces de joints.

— La ciselure qui règne sur la face horizontale de lit le long des trois arêtes *n, m, n*, nous la retrouvons sur toutes les faces verticales de joints : joints latéraux et joints postérieurs. Chacune de ces faces de joints est formée d'une partie centrale *r* grossièrement taillée, et encadrée d'un champ soigneusement ciselé, *b, a, b*, large de neuf doigts (en chiffre rond 0^m. 17).

3° Face supérieure.

Quant à la face supérieure, elle reste provisoirement à l'état d'ébauche, telle que la carrière l'a livrée (croquis P) ; le ravalement

n'aura lieu qu'après la pose (l. 183 : en effet les raccords qu'il exige
ne peuvent guère s'exécuter que sur la pierre en place.

Pour la même raison, il est à croire que la face antérieure *h* ne
fut taillée définitivement qu'après coup : mais sur ce point l'inscription
est muette; et, si l'on en juge par l'ordre logique des idées, c'est à
cette question du ravalement de la face vue *h* que se rapportaient les
premières lignes perdues.

III

Recoupe des joints d'attente des anciennes dalles.

Les faces verticales d'attente qu'il faut régler définitivement avant
la pose des nouvelles dalles ont leurs directions marquées par les
lignes X et Y; et, à cet égard, les prescriptions du devis se résument
comme il suit :

1re Opération :

Tracé, suivant chacune des directions X et Y. d'une ligne « battue » au cordeau (l. 128 .

2e Opération :

Ravalement des faces provisoires de joints suivant les plans verticaux que définissent les lignes X et Y :

Ce ravalement doit avoir pour effet (l. 126) de rendre les tranches
des anciennes dalles de tout point semblables à la tranche des nouvelles dalles qui doivent s'accoler contre elles : ciselure *a'* le long de
l'arête horizontale supérieure ; ciselure *b'* le long de chacune des arêtes
montantes ; la partie centrale *r'* de la face de joint demeurera à l'état
de simple ébauche.

—— Le devis prescrit d'ailleurs d'exécuter les ravalements dans
l'ordre suivant :

En premier lieu on taillera, en se guidant sur le fil à plomb, les ciselures verticales b' : les ciselures horizontales a' viendront ensuite ; et enfin on dressera grossièrement la partie moyenne c'.

IV

Pose des nouvelles dalles. — Réception et scellement.

Avant d'être scellée aux dalles voisines, chaque dalle est soumise à la réception des inspecteurs du chantier : on s'assure par le son qu'elle rend (L. 165) qu'elle ne présente ni fissures dans sa masse ni imperfections dans son assiette; le texte appelle spécialement l'attention des inspecteurs sur les essais de calage au sable ou au mortier que l'entrepreneur pourrait tenter pour s'affranchir de la sujétion de dresser les surfaces.

— Les vérifications terminées, la pierre est scellée au plomb en présence de l'entrepreneur et des préposés aux travaux.

Le scellement a lieu avec une certaine solennité : il fait partie de la réception même; comme d'ailleurs il s'exécute directement par les soins des préposés de l'État, on s'explique que le marché, limité aux obligations qu'il impose à l'entreprise, se taise sur les détails qui le concernent.

V

Ravalement de la face supérieure des dalles.

La dernière opération décrite au devis est le ravalement de la face supérieure (face de foulée) R :

Au pourtour de chaque dalle on taille une ciselure directrice c (L. 185 : on s'assure par un nivellement qui sera décrit plus loin, que tout l'ensemble des ciselures forme une série de cadres situés bien exactement dans un même plan horizontal. Cela fait, le ravalement des surfaces intermédiaires R n'offre plus de difficultés d'aucun genre.

VI

Détails sur les opérations et l'outillage du chantier.

a. LE DRESSAGE AU ROUGE.

Si l'on rapproche les unes des autres les indications contenues l. 108, 122 et 154, on trouve dans le devis de Livadie la trace d'un procédé de vérification journellement employé dans nos ateliers d'ajustage : ce que nos ajusteurs appellent le *dressage au rouge*. Veulent-ils savoir si une surface qui doit être plane est exactement dressée ? Ils lui appliquent une dalle de marbre couverte d'une couche de sanguine délayée dans de l'huile : toutes les parties de la surface où la sanguine décalque, doivent être usées par retaille ou frottement, jusqu'à ce qu'enfin la sanguine décalque sur la surface entière. C'est le procédé même de dressage des lits et joints des pierres grecques ; au temple de Minerve Poliade, ce procédé fut étendu au dressage des caissons en bois du plafond.

Au lieu de dalles, les anciens employaient des prismes de pierre dure dont l'équarrissage était fixé à six doigts de largeur sur un demi-pied de hauteur (environ 0^m, 12 sur 0^m, 15 : et l'entrepreneur était tenu de vérifier le dressage de ces prismes d'après un prisme-étalon déposé dans le temple.

b. LE NIVELLEMENT SUR CALES.

Les dernières lignes de l'inscription nous expliquent la manière dont on s'assura que les ciselures directrices *c* de la face supérieure étaient toutes en même plan :

On posa sur ces ciselures (voir la figure p. 191), des cubes de bois d'olivier ; sur ces cubes, une règle de vingt pieds qui put, grâce à ce calage, franchir les parties rugueuses du parement non ravalé. Et sur cette règle, on appliqua sans difficulté le niveau.

Entre les divers outils employés pour la taille des pierres, les travaux se répartissent de la manière suivante :

1° Travaux exécutés à l'aide de la ξοὶς χαρακτὴ τραχεῖα *taillant dentelé, rude* :

L. 107 : Taille de la partie centrale *f* de la face de lit ;

L. 121 :   id.   *r* des faces de joints.

Ces tailles pouvant être assez grossières, il est probable que l'outil qui servait à les exécuter répondait au *rustique* de nos tailleurs de pierre : un outil à tranchant muni de grosses dents, entamant la pierre par un choc oblique.

2° ξοὶς χαρακτή, *taillant dentelé*, sans désignation spéciale :

L. 184 : Ravalement de la face supérieure B des dalles.

— Cet outil paraît répondre à la *laye* ordinaire, ou *marteau bretté* de nos chantiers.

3° ξοὶς χαρακτὴ πυκνὰ ἠκονημένη, *taillant dentelé, à dents serrées, affûté* :

L. 104 et 165 : Taille des bordures *u* qui portent sur les éperons transversaux :

L. 147 : Ravalement de la face supérieure B de ces éperons.

— Équivalent probable de l'outil grec : la *laye fine*.

4° ξοὶς ἀχάρακτος *taillant mousse* :

L. 148 : Ravalement de la face supérieure A de la substruction longitudinale :

L. 168 : Taille de la partie *m* de la face de lit portant sur cette substruction longitudinale.

— L'équivalent paraît être un *marteau de tailleur de pierre*, mais un marteau présentant le profil en biseau du *bédane*.

5° κολαπτήρ (*ciseau*) :

L. 132 : Abatage sur tas de la pierre laissée en excès le long des joints d'attente (en X);

L. 185 : Ciselure directrice *c* taillée après la pose sur le pourtour des dalles B.

Cf. l. 11 : Gravure des inscriptions.

— Il s'agit probablement du *ciseau à dents*, plus ou moins étroit, parfois réduit à une simple *pointe*.

6° λειστήριον λεῖον ἐπηκονημένον (*lissoir lisse affûté*) :

L. 119 et 168 : Encadrement *b a b* des joints verticaux ;

L. 136 : Lissage du rebord *a'* des joints d'attente.

— Ce dernier outil ne paraît autre que le *ciseau sans dents*.

VII

Marche des travaux.

Un mot enfin sur la marche des opérations.

L'idée pratique qui paraît présider à leur succession peut je crois se résumer ainsi : Ne s'exposer jamais par un ravalement anticipé aux risques d'un épaufrure; ajourner les ravalements autant que les exigences du chantier le permettent.

C'est d'après ce principe que le ravalement des joints d'attente X et Y a été ajourné (l. 126) ; c'est d'après cette même considération que l'écrêtement des substructions A. B a été différé jusqu'au moment de la pose des dalles (l. 145).

Telles sont les principales indications techniques qui ressortent du texte de Livadie : texte verbeux, diffus, semé d'incidents et de digressions de tout genre, et dont la prolixe exactitude contraste avec la concision élégante des textes attiques. Mais la seule étendue de ce

devis a sa signification : elle atteste l'importance que les Grecs atta-
chaient, même dans des contrées moins heureusement douées pour les
œuvres de l'art, à cette exécution parfaite du travail qui semble être
pour eux un besoin aussi impérieux que l'harmonie des formes ou la
justesse des proportions.

LISTE

TABLE

—

PREMIÈRE PARTIE
Marché pour l'achèvement d'une série de stèles.

CHAPITRE PREMIER
LA 1ʳᵉ INSCRIPTION.

CHAPITRE II
COMMENTAIRE.

SECONDE PARTIE
Marché pour un dallage le long du temple.

CHAPITRE PREMIER
LA 2ᵉ INSCRIPTION.

CHAPITRE II
INTERPRÉTATION TECHNIQUE.

PARIS. — IMP. DE LA SOC. ANON. DE PUBL. PÉRIOD. — P. MOUILLOT.   1874.

APPENDICE

NOTICE ANALYTIQUE

DES PRINCIPALES INSCRIPTIONS RELATIVES AUX TRAVAUX DE CONSTRUCTION CHEZ LES GRECS

Indépendamment des quatre principales inscriptions commentées dans ce recueil, une assez longue série de textes épigraphiques nous offrent, soit à l'état fragmentaire, soit à titre incident, des détails de construction qui méritent d'être recueillis :

Nous donnons ici la liste de cette nouvelle série d'inscriptions, en accompagnant la mention de chacune d'elles d'un renvoi aux éditions principales dont elle a été l'objet, et d'une analyse des renseignements qu'elle contient sur les méthodes ou l'histoire de l'architecture.

Cette revue, nous le savons, est loin d'être complète : à part les omissions involontaires, une foule de textes mutilés auraient pu y prendre place mais l'auraient allongée sans rien éclaircir, ni au point de vue de la pratique, ni au point de vue de l'histoire : il fallait nous borner ; et l'intérêt technique des textes a surtout contribué à fixer notre choix.

FRAGMENTS DE LA COMPTABILITÉ DES PROPYLÉES ET DU PARTHÉNON

Propylées : C. I. A., I, 314 et 315 :

Parthénon : C. I, A., 1, 300-313 ; IV. 297. *a.* -- Cf. Rangabé. 89 : Boeckh: *Staatshaush.,* 2ᵉ vol., XVI (2ᵉ édit., p. 336-347.

Ces comptes, fort mutilés, nous éclairent principalement sur l'histoire des magistratures qui intervenaient dans la gestion des finances d'Athènes, et sur la provenance des fonds affectés aux grands travaux de l'Acropole.

Au milieu de lambeaux de phrases indéchiffrables, on distingue la subdivision des frais d'approvisionnement des matériaux en deux articles : extraction et transport ; ce qui établit que la fourniture des marbres était faite non à l'entreprise, mais *en régie*. L'usage sur ce point est d'une constance remarquable.

Les inscriptions comprennent (C. I. A, IV, p. 37 :

1° Le salaire alloué aux carriers, λιθοτόμοις καὶ πελεκηταῖς:

2° Le chargement des blocs sur des ὑποζύγια ou des ὄνους:

3° Le transport jusqu'aux chantiers.

— A ces inscriptions il convient de joindre un compte des conservateurs du trésor du Parthénon (C. I. A., II. 708., qui contient divers détails sur les ornements des portes, et notamment l'indication de têtes décoratives entourées de feuillage : une tête de lion, une tête de bélier, une de Gorgone : des clous ornant la traverse inférieure, et se détachant sur un fond de dorure qui commence à s'altérer en quelques points.

FRAGMENT D'UN COMPTE DE DÉPENSES RELATIF A LA POSE
DE DEUX STATUES

C. I. A., I. 319; Cf. Acad. des Inscr., *Savants étrangers*, tom. VI, Mém. de M. Rangabé.

— Cette inscription énumère en premier lieu une série de dépenses accessoires, telles que : achat de bronze (35 dr. le talent : achat d'étain et de saumons de plomb (κρατευταί).

Puis elle passe en revue les installations des échafaudages, parmi lesquelles on distingue une plate-forme (τράπεζα) et des κλίμακας: échelles, ou plus vraisemblablement *plans inclinés*, servant à introduire dans le temple les statues ainsi que les pierres de leur piédestal.

Le texte mentionne enfin un habillage en planches appliqué aux chambranles des portes pour prévenir les dégradations pendant le cours des travaux.

COMPTES DES PRÉPOSÉS AUX CONSTRUCTIONS D'ELEUSIS.

Inscription de l'an 329 avant notre ère. Publiée en partie par M. Foucart (*Bulletin de Correspondance hellénique*, 1883) : éditée dans son ensemble par M. Köhler : C. I. A., 834 *b* (2ᵉ vol., 2ᵉ part.).

Cette inscription comprend :

1° Des comptes de dépenses relatifs à la restauration d'un mur dont le rôle défensif est caractérisé l. 24 (Cf. l. 20, 40 et 44), et dont l'état de ruine ressort des passages l. 45 et 24 ;

2° Les comptes de divers travaux exécutés aux édifices d'Eleusis et à l'Eleusinion d'Athènes.

I. *Indications techniques.*

COMPTES RELATIFS AU MUR D'ENCEINTE.

Substructions.

Le mur est assis sur une fondation en libages (ὑπόλοφη, l. 8).

— Le soubassement est exécuté (l. 17) à l'aide de matériaux d'appareil, parmi lesquels le texte distingue les pierres faisant contre-parement (ἀντιθέματα, l. 21).

Les pierres de la basse fondation sont seules fournies par l'entrepreneur ; celles du soubassement sont fournies par l'État, qui les achète brutes et paie séparément le transport, la taille et la pose (l. 22).

Indépendamment de la pierre d'Eleusis, on voit figurer aux comptes la pierre d'Acté et celle d'Egine (l. 20 et 52 ; Cf. Arsenal du Pirée, l. 16 : Erechtheion, inscr. III, l. 13).

Les blocs sont fixés par des *coins* en bois (l. 9 et 10) : tel est précisément le mode de liaison indiqué par l'inscription des Murs d'Athènes (l. 44). Ici, les coins sont en frêne ; aux murs d'Athènes ils sont en olivier.

— L'inscription enregistre des achats de couleur noire et de sanguine (l. 12 et 14 ; Cf. l. 69). La mention de sanguine à propos d'une construction d'appareil fait songer aux procédés de « dressage au rouge » (p. 205) ; — peut-être la sanguine servait-elle simplement comme matière colorante pour des travaux de peinture.

— Il est dit enfin que tous les bois destinés aux murs (y compris les coins de scellement et les longrines de chaînage) seront protégés par une couche de poix (l. 13 ; Cf. l. 69).

Corps des murs.

Le corps des murs est bâti en briques de 1 pied 1/2 de côté et revêtu d'un enduit (l. 55 et 61).

Aux murs d'Eleusis ainsi qu'aux murs d'Athènes, les briques doivent être considérées comme des carreaux de terre crue : car les comptes, en spécifiant l'achat de l'argile (γέμισον, l. 57) et la fabrication (l. 55, 56), ne portent rien pour la cuisson. On peut avec grande vraisemblance attribuer à la confection des briques, mortiers ou enduits, l'achat des « sacs de paille hachée » inscrits l. 73.

— Pour la restauration de ces murs de brique, on procède par repiquage : sorte de reprise qui est, ici comme dans l'inscription des Murs d'Athènes, désignée par ἀναβολάτωσιν.

Charpente du chemin de ronde.

C'est je crois à la charpente de couronnement des murs que se rapportent les lignes 62-65. Moyennant cette hypothèse, il s'établit entre la charpente des murs d'Eleusis et celle des murs d'Athènes une ressemblance si complète, que notre dessin des murs d'Athènes peut servir ici comme figure explicative : c'est à ce dessin que répondent les lettres de renvoi de la traduction qui va suivre :

« 12 *poutres* (δοκοί G) ont été achetées chez Phormion :
La poutre, 17 drachmes : total. . . . .   204 dr.
(On a acheté 93 *solives* (σπονθῆρες L) chez Agathon fils de Philetære :
La solive 1 dr. 4 oboles : total. . . . .   155 dr.
Voliges (ἱμάντες P) : 40 ; chez Archias de Samos. Prix. . . . .   40 dr.
Roseaux (Cf. Murs d'Athènes, l. 68) chez Artemis du Pirée. Prix . .   70 dr.
Traverses (ἐπιβλῆτες K) : 200 ; chez Archias de Samos. Prix . . . . . .   40 dr. »
— La toiture (l. 72) est en tuiles de Corinthe.

A partir de la ligne 65, les comptes paraissent moins spécialement consacrés aux murs d'enceinte ; ils contiennent un détail d'acquisitions faites pour les combles et les portes de toute une série d'édifices : les temples et leurs dépendances, le trésor, etc.

Ouvrages en bois.

Les bois mis en œuvre consistent en pièces de cèdre, d'orme, de frêne, de cyprès (2ᵉ col., l. 10, 16, 19, 32, 35).

Ces bois ont été achetés en partie en Macédoine ; pour la plupart, à Corinthe (l. 66 ; 2ᵉ col., l. 24) : l'inscription donne les prix d'acquisition, les frais du chargement et ceux du transport par mer.

— Les pièces des portes citées par l'inscription, sont les suivantes :

Seuils (ὑποτόναια, l. 66) :

Linteaux (ὑπερτόναια, 2ᵉ col., l. 28) :

Montants (σταθμά, l. 70 ; 2ᵉ col., l. 37 ?) :

Moises (ζυγά et ἀντίζυγα, 2ᵉ col., l. 15, 19) :

Les madriers, désignés sous les noms de κανόνες (2ᵉ col., l. 14, 28) ; κανονίδες (2ᵉ col., l. 19 ; Cf. l. 50) ; σανίδες (2ᵉ col., l. 16-21 ; 34).

— Certains édifices, tels que le Trésor, possèdent à la fois des portes pleines et des portes à claire-voie (2ᵉ col., l. 65, 66), dont les principales pièces sont :

Les θυρακαγκλίδες ou fuseaux de la claire-voie (2ᵉ col., l. 35 — 39 ; 66) :

Les βάθρα ou traverses échelonnées sur la hauteur de claire-voie (2ᵉ col., l. 13 et 37 ?).

— Des articles spéciaux sont consacrés à la colle et aux clous de trois paires de portes (l. 68 ; 2ᵉ col., l. 24 et 38). Le prix des clous varie de 1 à 3 ob. : leur nombre est de 190 pour une paire de portes, 251 pour la 2ᵉ et probablement 250 pour la 3ᵉ.

Ferrements.

La ferrure d'une porte comprend .

Des tourillons : στροφέντες (2ᵉ col., l. 9) :

Des crapaudines : γωνικίδες (2ᵉ col., l. 65) : une figure de la Poliorcétique de Héron ne laisse aucun doute sur le sens de ce mot (édit. Wescher, p. 106).

— Les ferrements désignés sous le nom d'ἀμφιδέαι (2ᵉ col., l. 55) paraissent être des frettes.

— Enfin l'inscription indique (2ᵉ col., l. 69) la ferrure d'une τροχιλέα : mais cet article de dépense n'a, croyons-nous, rien de commun avec les portes : la τροχιλέα paraît être, ici comme à l'Erechtheion, une machine telle qu'un treuil.

Goudronnage des bois.

Non seulement les coins de scellement et les longrines de chaînage des

murs sont goudronnés, mais, même dans les temples, les bois de charpente
et de menuiserie sont vernis au goudron. Une opération préalable consiste à
les passer au sable (2ᵉ col., l. 43, 44, 67). — Aujourd'hui encore, les marins
nettoient au sable leur navire, et le passent au *brai* : les Grecs, peuple de
marins, auraient transporté dans leur architecture les usages de la charpen-
terie navale.

Enduits.

Nous lisons (2ᵉ col., l. 59-64) une liste de matières dont le mélange
paraît destiné à la confection des enduits :
Argiles de 2 provenances distinctes : 43 parties ;
Sable : 5 parties ;
Recoupes de pierre (Cf. 2ᵉ col., l. 71) ;
Poussières de 3 provenances distinctes ;
Paille hachée et bourre ;
Et enfin une liqueur nommée χίλωμα qui sert à agglutiner le mélange,
et qui n'est pas de l'eau, puisqu'elle coûte 1 drachme le conge. Rien n'indique
que ce soit de la chaux éteinte ; et il est à remarquer que, dans toute cette
série de comptes où figurent tant de travaux de maçonnerie, le mot de chaux
ne se présente pas une seule fois : la pierre de taille est posée à joints vifs ;
la brique et le moellon, sur lits de mortier de terre.

Décoration.

Les jambages des portes παραστάδες, 2ᵉ col., l. 41 et 50 ont pour couronnement un chapiteau d'ante composé d'une « cymaise » (voir inscr. de l'Erechtheion, p. 148), surmontée d'un carré. Les bois des menuiseries et des char-
pentes sont, nous venons de le voir, vernis à la résine. Une peinture à la
cire est appliquée sur le marbre de la cymaise (2ᵉ col., l. 50 et 52).

II. *Renseignements économiques.*

Fournitures.

Ici encore les matériaux sont approvisionnés *en régie*. Pour les pierres
de taille et pour les briques, nous avons reconnu que l'État achetait la
matière et payait à part la main-d'œuvre : les seuls cas de fournitures faites
par l'entrepreneur de la main-d'œuvre sont :

1° Une fourniture insignifiante de bois pour un échafaudage volant, qui d'ailleurs demeure la propriété de l'entrepreneur (2ᵉ col. l. 42, 45) ;

2° Une autre, pour une construction de gradins ? (2ᵉ col. l. 8) qui peut-être présentent eux aussi un caractère temporaire ;

3° Une fourniture de blocages pour les travaux imprévus de la basse fondation (l. 9).

— Pour ce dernier genre de travail, l'usage grec paraît être de laisser à l'entrepreneur le soin de se procurer lui-même les matériaux : le devis de Livadie (p. 184) nous a précédemment offert un exemple à l'appui de cette remarque : une inscription de Lesbos que nous résumerons plus loin nous donnera l'occasion d'une vérification nouvelle.

Condition des ouvriers esclaves.

L'inscription jette quelque jour sur la situation des esclaves publics :

La nourriture d'un esclave coûte par jour 1/2 drachme (l. 5 ; 2ᵉ col. l. 5). L'État fournit à ses esclaves : 1° leurs instruments de travail, tels que les corbeilles pour les transports (l. 65 ; 2ᵉ col. l. 31) ; 2° leur vêtement. Le texte spécifie l'achat de leurs chapeaux (l. 70) : le ressemelage de leurs chaussures (2ᵉ col. l. 55). A certaines fêtes on leur fait une distribution de vin (2ᵉ col. l. 68). — Leurs chefs sont nourris comme eux, et touchent un salaire de 10 dr. par prytanie, soit par 35 jours (l. 5 ; 2ᵉ col. l. 6) : cette solde est fort inférieure à celle des ouvriers libres : le surveillant ne serait-il pas lui-même un esclave auquel l'État alloue comme encouragement une légère rétribution ? — Enfin (2ᵉ col. l. 60) nous voyons l'esclave associé aux mystères de la religion éleusinienne : initiation fort imprévue et qui relève l'idée que nous sommes habitués à nous faire de la condition de cette classe d'hommes dans la société grecque.

Salaires des ouvriers libres.

Le salaire journalier, pour l'ouvrier qui se nourrit à ses propres frais (σιτέσιος), varie entre 1 dr. 1/2, prix ordinaire (l. 30, 33, 46, 62 ; 2ᵉ col. l. 24), et 2 dr. (2ᵉ col. l. 42) ou même 2 dr. 1/2 (l. 28). On le voit exceptionnellement descendre (l. 32) à 1 dr. 1 obole 1/2.

Si l'on compare ces chiffres au prix constant de 1 dr. porté aux comptes de l'Erechtheion, on observe :

1° L'absence d'uniformité dans les salaires, qui paraît établir une différence entre les coutumes d'Eleusis et celles d'Athènes ;

2° L'usage, à Eleusis, de laisser la nourriture à la charge de l'ouvrier. La différence entre le salaire habituel d'Eleusis et le salaire d'Athènes est de 1/2 dr. : or nous venons de dire que ce chiffre de 1/2 dr. correspond juste au prix de l'alimentation journalière d'un esclave. Cela donnerait à croire que, sur les chantiers de l'Erechtheion, les ouvriers recevaient leurs aliments en nature.

Prix divers.

Les matériaux de construction sont acquis aux conditions suivantes :

Le mille de briques crues de 1 pied 1/2 de côté coûte 36 dr. de fabrication et 4 dr. d'argile : en tout, 40 dr. (l. 36 et 37).

— Une tuile de Corinthe vaut, prise à Corinthe, 5 oboles (l. 73) : rendue à Athènes, elle revient à 1 dr. (l. 71).

Les tuiles ordinaires coûtent, en fabrique, à peu près le même prix que celles de Corinthe (2ᵉ col. l. 74) : le transport seul est moins cher.

— Les bois précieux destinés à la menuiserie sont évalués à la pièce ; le prix du pied cube, calculé d'après les données de l'inscription (2ᵉ col.), s'élève pour le cèdre à plus de 80 dr. ; pour l'orme, il varie de 8 à 20 dr. ; le frêne paraît avoir une valeur peu différente de celle de l'orme.

— A propos de l'Arsenal du Pirée, nous avons posé la question de la provenance des bois de charpente. L'inscription d'Eleusis est loin de la résoudre : mais, en indiquant Corinthe comme l'entrepôt principal, elle exclut tout au moins l'hypothèse d'une provenance indigène.

COMPTES DE CONSTRUCTION DU GRAND TEMPLE D'ELEUSIS

C. I. A. 834 c (2ᵉ vol. 2ᵉ part.). — Inscription de l'an 317 avant notre ère, publiée pour la première fois par M. Philios (Ἐφημ. ἀρχαιολ. 1883, 4).

C'est un fragment de comptabilité relatif à des transports de marbres : et, d'après la remarque de M. Philios, ces marbres sont ceux du frontispice élevé devant le grand temple de Cérès par l'architecte Philon, sous le gouvernement de Démétrius de Phalère (Vitr. VII. 17) : la date répond de l'attribution.

— Les dix premières lignes (fort mutilées) paraissent consacrées à la mise en état de la route où les transports doivent avoir lieu, et des aqueducs qui traversent cette route (ὑπόνομοι, l. 4).

— Viennent ensuite les comptes d'établissement ou de réparation des chariots destinés aux transports (l. 11-44).

Les câbles de l'attelage proviennent en partie des dépôts de la marine : des ὑποζώματα, fournis par l'arsenal du Pirée, sont coupés pour s'adapter à leur nouveau rôle (l. 12, 20 ; 13, 14).

Les organes des chariots donnent lieu à une longue nomenclature où certains mots, tels que ἐπωτίδες, paraissent empruntés au vocabulaire de la marine ; d'autres, au vocabulaire de l'architecture : καταγεῖα, μετόπναι, etc. A l'aide de ces éléments on pourrait, croyons-nous, reconstituer avec grande vraisemblance le chariot ; mais cette question se rattache trop indirectement à l'histoire de l'architecture pour que nous entrions dans les développements qu'elle exige.

— De la ligne 44 à la ligne 63, l'inscription détaille les dépenses de personnel :

L'architecte, c'est-à-dire le surveillant du chantier, est rétribué à raison de 2 dr. ? par jour (l. 60).

Le secrétaire chargé de tenir l'état des dépenses reçoit par décret du peuple une indemnité journalière de 2 oboles.

Quant aux esclaves, les dépenses qui les concernent sont de point en point celles de l'inscription précédente : initiation aux mystères (l. 44) : achat de chapeaux, de semelles et de clous pour les chaussures (l. 44, 49).

— Les dernières lignes (64-87) ont trait au transport même des tambours de colonnes entre le Pentélique et Eleusis. Les comptes nous sont conservés pour 24 tambours (ou, littéralement, pour 24 « vertèbres ») : et voici les chiffres qui en ressortent :

Prix de la journée d'une paire de bêtes de trait (de bœufs probablement) : 4 dr. et 1/2 obole (l. 65) ;

Nombre de paires de bêtes de trait attelées pour traîner un bloc : variable entre 37 et 40 :

Durée du trajet : 3 jours (exceptionnellement 2 jours 1/2, l. 73) .

Cette dépense de force et de temps pour faire parcourir dix lieues environ à des blocs dont le volume n'excède pas 2ᵐᶜ, paraît indiquer une route bien défectueuse.

COMPTES DE CONSTRUCTION DU TEMPLE DE JUPITER-SAUVEUR AU PIRÉE

Inscription publiée par M. Eustratiades dans l'Ἀρχαιολογικὴ Ἐφημερίς, 2ᵉ série, 1872, n° 421.

— Les principaux articles déchiffrables se rapportent à l'établissement des soubassements. Ces soubassements (κρηπιδώσεις) sont exécutés en pierre de même provenance que celle de l'Arsenal du Pirée, la pierre *d'Acté* (l. 14). D'ailleurs, suivant la règle presque universellement adoptée chez les Grecs, les pierres ne sont pas fournies par l'entrepreneur : l'État les fait directement extraire, par voie de régie, et en solde aux tâcherons « l'extraction et le transport (l. 14). »

— Les lignes 20-25 ont trait à la pose de 51 κατακλῆπτρες : sont-ce des crampons de scellement que leur forme ferait assimiler à des *anses* ?

COMPTE DE TRAVAUX EXÉCUTÉS AUX ABORDS D'UN TEMPLE A TRÉZÈNE

Le Bas. *Voyage archéol.*, complément par M. Foucart : Béotie, 157, *a*.

— Les premières lignes de ce fragment d'inscription contenaient les derniers articles d'un compte pour l'achèvement du temple : on y mentionne (l. 8) le ravalement du stylobate. qui se faisait en dernier lieu par crainte des accidents qui menacent spécialement cette partie de la construction ; puis (l. 12-19) l'indemnité de retour allouée aux ouvriers d'art devenus sans emploi.

— La 2ᵉ partie de l'inscription a trait à des travaux aux abords du temple, savoir :

1° Murs servant probablement à la clôture de l'enceinte sacrée (l. 18-25) : murs en pierre, abrités par une toiture en tuiles.

2° Rectification de la voie d'accès du temple (l. 26-40) : Mention est faite des murs de soutènement, ὑποδομαί (l. 35 et 36) : de leurs fondations, θεμέλια, et du remblai, χοῖ, qu'ils supportent. Vient enfin la *chaussée* proprement dite. στρῶμα. et le couronnement, ἐπιστρώσεις, des murs bordant la route.

3° Aqueduc composé de tuyaux, σωλῆνες (l. 41, 42) :

4° Bassin, πυελίς (l. 43) :

5° Rigole, ζωρύξ. destinée à détourner les eaux vives qui menacent le temple (l. 45-49).

COMPTE DE TRAVAUX PUBLICS A HERMIONE

Le Bas *Voyage archéol.*, contin. par M. Foucart : Pelop., 159, *b*.

-- L'inscription mentionne :

1° Des paiements pour transports de pierres (l. 14 et 15), pour montages de chapiteaux (l. 17 et 18) :

2° Des indemnités de retour allouées aux ouvriers étrangers (l. 5 à 13).

INSCRIPTION DE CORCYRE

C. I. G., 1838.

Sur le même marbre sont réunis deux textes différents : l'un est un compte de dépenses; l'autre paraît être le libellé d'un jugement ou d'une convention sur une question de servitude d'écoulement des eaux pluviales qui tombent de la toiture d'un temple.

— Indications juridiques et économiques fort vagues, et qui n'intéressent qu'indirectement l'histoire de l'art des constructions.

RÈGLEMENT GÉNÉRAL POUR LES TRAVAUX PUBLICS A TÉGÉE

Inscription en dialecte béotien, publiée et traduite pour la première fois par M. Rangabé (Acad. des Inscr., *Savants étrangers*, 1re série, t. VI, p. 279); rééditée et traduite à nouveau par M. Foucart dans la continuation du *Voyage archéologique* de Le Bas (Pelop., 340, e); commentée au point de vue juridique par M. R. Dareste (*Annuaire de l'Association des Études grecques*, 1877, p. 107).

— Les clauses sont purement administratives, et se classent comme il suit :

l. 1. Institution d'une juridiction spéciale (le tribunal des adjudicateurs) pour toutes les questions relatives aux travaux.

l. 6. Dispositions relatives au cas où les travaux seraient interrompus par une guerre.

l. 15. Mesures à prendre en cas d'entraves apportées aux adjudications.

l. 20. Défense de se charger sans autorisation spéciale de plus de deux entreprises à la fois.

l. 30. Interdiction de toute action devant des tribunaux étrangers.

l. 37. Clauses relatives aux dommages et aux cas d'insubordination.

l. 52. Les prescriptions du présent règlement sont valables pour tous les travaux publics de Tégée.

— Les termes de l'inscription supposent le système des paiements par avances. Le règlement prescrit en effet (l. 12) que si les travaux *non encore commencés* sont empêchés par un cas de force majeure, l'entrepreneur *rendra l'argent qu'il aura reçu* : il n'est pas sans intérêt de constater la généralité de

cet usage qui consistait à solder les travaux, sous la garantie d'une caution,
par une série de versements anticipés.

____

MARCHÉ POUR DES TRAVAUX DE DESSÈCHEMENT A ERETRIE

Ἀρχ. ἐφημ., 404 (année 1869) : Marché publié par M. Eustratiades et ana-
lysé par M. R. Dareste, qui a donné le sens des principales expressions techniques (*Annuaire des Études grecques*, 1877, p. 107).

Ouvrages mentionnés :

Conduites souterraines, φρεάτια.

Rigoles à ciel ouvert, τάφροι.

Un canal de décharge, ὑπόνομος, avec vanne (θύρα).

Un bassin, δεξαμένη, entouré d'un mur d'appui (ἐρυφάκτιον).

L'entrepreneur devra exécuter à ses frais tous les travaux du dessè-
chement : il jouira de l'ἀτέλεια, càd. (voir le Mém. de M. Dareste) que ses biens
ne pourront être saisis pour couvrir les dettes de ses compatriotes. Dans des
circonstances que les lacunes du texte laissent malheureusement indécises, les
terrains nécessaires aux travaux seront sujets à expropriation. — Quant à la
rémunération, elle consiste dans la cession, pour dix années, des terres dessé-
chées, moyennant une redevance de 30 talents.

____

CONTRAT POUR LA RÉPARATION DU THÉATRE DU PIRÉE

C. I. G. 102. — Cf. *Annuaire des Études grecques*, 1877 et C. I. A. 1058.
Les articles conservés se rapportent au mode de paiement : Les entrepreneurs prennent à leur charge les réparations, et s'indemniseront sur les revenus
du théâtre dont ils seront fermiers moyennant une redevance annuelle de
3,400 dr. En principe, c'est une concession de même sorte que celle du dessè-
chement des marais d'Eretrie.

— Au cas où les conventions ne seraient pas observées, la ville se réserve
le droit de faire exécuter les travaux au compte de l'entrepreneur : nous appel-
lerions cette mesure une *mise en régie*.

____

MARCHÉ DE TRAVAUX PUBLICS A DÉLOS

C. I. G., 2266 : Dernières lignes d'un contrat que Bœckh rapporte à la période comprise entre la 115ᵉ et la 140ᵉ ol.

La partie perdue parait avoir contenu les prescriptions techniques : la partie conservée est surtout administrative. Elle prévoit le cas de ce singulier « procès de mensonge » que nous avons essayé d'expliquer p. 189; puis elle s'étend sur la condition faite aux ouvriers étrangers. Contrairement à l'usage athénien, les magistrats de Délos admettent des étrangers à soumissionner leurs travaux ; et ils leur accordent pour un temps déterminé la franchise des droits d'octroi (l. 18). — Le mode de paiement est très nettement stipulé : paiements par avances échelonnées, sous la garantie d'une caution et moyennant la retenue du dixième (l. 14). — Les adjudicateurs sont à la fois surveillants et comptables : s'il y a retard dans les versements, l'entrepreneur les met personnellement en cause ; tout se passe entre eux et lui. Leur rôle est de point en point le rôle de délégués responsables que les Romains attribuaient aux *curatores*.

— On lit, l. 23, que l'État fournira « de l'airain travaillé χρ.ων. » ; et plus loin, *après une lacune,* on distingue le membre de phrase suivant : « pour le στρῶμα du temple d'Apollon » :

Les auteurs du *Corpus* traduisent : « de l'airain débité à la scie (πριόνι). et admettent que cet airain était destiné au στρῶμα, càd. au dallage (ou bien à la toiture?) du temple. — La lecture πριόνι nous parait plus que douteuse, et la lacune permet de croire qu'entre la fourniture de bronze et l'établissement du στρῶμα, il n'existe aucune liaison.

AUTRE MARCHÉ A DÉLOS

Ἀθήναιον, vol. 4, p. 154.

— Inscription très mutilée : indiquait les conditions de paiement du dixième de garantie (ἐπι | [δέκατον] : l. 5-6), ainsi que la retenue dont l'entrepreneur et ses répondants seront passibles pour chaque jour de retard dans la livraison des travaux.

FRAGMENT DE DEVIS POUR LES SUBSTRUCTIONS D'UN TEMPLE
DANS L'ILE DE LESBOS

Ephemeris epigr., vol. II (1875), n° XVI.

— Cette inscription ne nous est connue que par une copie malheureusement fort incorrecte faite au xv° siècle par Cyriaque d'Ancône.

L'objet du devis est la continuation des travaux de fondations d'un temple.

La fouille sera pratiquée uniformément jusqu'à une profondeur de deux coudées : « Toutefois, ajoute le devis, s'il y a des parties molles dans le sol destiné à recevoir la fondation (θεμέλιον), l'entrepreneur décapera pour faire place à de la pierre grossière, fournissant lui-même à lui-même la pierre grossière. »

Les blocs de cette fondation présenteront au moins les dimensions suivantes : Longueur, 1,2 coudée ; largeur, 1 coudée ; épaisseur, 3 palmes. — Pour les asseoir, on dressera le sous-sol par gradins, et lors de la pose on observera d'établir entre les joints une bonne *découpe*.

Les dernières lignes se rapportent aux soins requis de l'entrepreneur pour le dressage des faces de lits : je crois y lire les mots ἐκψημμώσας θεμέλιους ; il y aurait là un indice de l'emploi du sable pour obtenir par usure des faces de lits bien planes.

— Tel est le résumé de ce fragment de devis. — Comme forme de rédaction, il se rapproche fort de l'inscription de Livadie (p. 175) : même style lourd, diffus ; une phrase entière se retrouve presque semblable à elle-même dans les deux textes : « ἐὰν δέ τι μαλακὸν... »

— On notera que, dans les deux cas, c'est seulement pour les fondations que le devis confie à l'entrepreneur la fourniture des matériaux ; le caractère imprévu de ces travaux explique assez cette dérogation à la règle des marchés à forfait.

PRINCIPAUX ÉLÉMENTS

D'UN VOCABULAIRE TECHNIQUE

FOURNIS PAR LES INSCRIPTIONS

ἀετός fronton.

ἀκρογείσιον couronnement de corniche.

ἀναθυροῦν encadrer (d'une ciselure).

ἀνθέμιον palmette.

ἀντίζυγον contre-moise.

ἀντίθημα pierre faisant contre-parement.

ἀρμός joint vertical. La face antérieure d'une pierre s'appelle προσιὼν ἀρμός, et les faces verticales de contact entre cette pierre et ses voisines ἀπιόντες ἀρμοί.

ἀστράγαλος quart de rond.

βάθρον gradin ; traverse d'une porte à claire-voie ?

βάσις lit de pose (d'une pierre).

Γεισήπους, γεισηπόδισμα encorbellement d'une corniche.

γεῖσον corniche ; γεῖσα αἰέτια, καταιέτια corniches rampantes d'un fronton.

γογγύλος profilé.

γόμφος cheville.

Δέμα crampon.

διαβήτης niveau.

διέρεισμα entretoise ; poutre de plancher.

δίοδος passage transversal : poterne.

δοκός poutre; δοκίς poutrelle.

δρύφακτος mur d'appui.

Ἔνδεσμος madrier de chaînage.

ἔπαλξις mur crénelé ; ἐπάλξειν désigne plus spécialement le parapet.

ἐπεργασία arasement (d'une assise de pierres).

ἐπιβλής traverse.

ἐπίκρανον, κιόκρανον chapiteau : ἐπικρανίτις couronnement de mur.

ἐπιστύλιον architrave.

ἐπωροφία (voir ὀροφή).

εὐθυντηρία soubassement : ὑπευθυντηρία substruction.

εὕρημα prix d'adjudication ; ὑπερεύρημα enchère.

Ζυγόν linteau.

Θεμέλιον fondation.

ὁρανός longrine.

θριγκός chaperon.

θύρα vantail d'une porte, vanne; θυραία baie de porte; θυρίς fenêtre, créneau; θύρωμα grande porte; ὑπερθύρον couronnement de porte.

θυρακιγκλίς montant de porte à claire-voie.

θωρακεῖον revêtement.

Ἰκρίον, ἰκρίωμα échafaudage : ἰκριωτήρ montant.

ἱμάς madrier portant le voligeage d'une toiture : latte.

Κάλυμμα volige d'un comble; panneau d'un plafond.

καλυπτήρ tuile couvre-joint ?

κάλχη rosace.

κανθήλιος échafaudage volant.

κανών règle; κ. λίθινος règle de pierre pour les opérations de dressage.

καταλήπτηρ crampon de scellement ?

καταστρωτήρ dalle.

κατατομή ravalement d'un parement vertical.

καταφορά pente.

κέραμος tuile; κ. ἡγεμών tuile de rive.

κερκίς broche?

κεφαλή : κατὰ κεφαλήν à niveau.

κίων piédroit (spécialement pilier carré).

κλιμάκις (voir σελίς).

κολαπτήρ ciseau; poinçon.

κορυφαῖον faîtage.

κρατευταί éperons de fondation.

κρηπίς socle.

κριός tête de poutre.

κύβος corbeau (cubique).

κυμάτιον talon.

Λείστριον ciseau à taillant lisse.

λιθολόγημα blocage.

λιθοτόμος carrier.

Μασχαλιαία pierre d'angle.

μεσόμνη toute pièce horizontale isolée dans l'espace : entrait d'un comble; tablette d'une étagère.

μετακιόνιον entre-colonnement.

μέτωπον trumeau (entre deux baies); front d'une construction.

μιλτολογεῖν vérifier à la sanguine (le dressage des surfaces); σύμμιλτος ajusté à la sanguine.

Ξοῖς toute espèce de marteau tranchant : ξ. χαρακτή marteau bretté. laye; ξ. χ. πυκνή ἐπικεκομμένη laye fine; ξ. χ. τραχεῖα rustique; ξ. ἀριστόμος marteau à taillant en bédane.

Ὀδός seuil.

ἐμμετριαεῖν s'ajuster à joints vifs; τριμματολογεῖν vérifier l'ajustage.

ὄνυξ crampon.

ὀπαῖον caisson (d'un comble).

ὀρθοστάτης pierre de champ.

ὀροφή toute espèce de plate-forme : plafond, plancher, toiture. Quand la toiture est distincte du plafond, on lui réserve le nom d'ἐπωροφία. Le plancher haut et le plancher bas d'une salle se distinguent par les mots ἄνω et κάτω ὀροφή.

οὖς console.

Παραστάς jambage (de porte).

πάροδος chemin de ronde.

πελεκητής ébaucheur?

πελεκῖνος queue d'aronde.

περίδρομος terre-plein d'une enceinte.

πλαίσιον caisson (d'un plafond).

πλευρά : παρὰ πλευράν en parement?

πλινθολογεῖν faire un repiquage.

πλίνθος brique; pierre de taille.

προσαγωγεῖον équerre.

προστομιαῖον chambranle?

Ῥάβδωσις cannelure.

Σανίς planche.

σελίς panne de comble; poutre de plafond. σ. κλιμάκις (poutre-échelon) : poutre ou panne ordinaire; σ. καμπύλη panne de brisis; faîtage.

σπεῖρα base de colonne.

στεγάζειν couvrir d'une plate-forme.

στῦλος pilier.

στρῶμα chaussée.

στρωτήρ madrier horizontal.

στῦλος colonne; παραστύλιον pilastre adossé; στυλοβάτης stylobate.

σφηκίσκος chevron (de comble); solive (de plancher).

σφόνδυλος tambour d'un fût.

Τράπεζα plate-forme d'échafaudage.

Ὑπερτόναιον linteau; ὑπερτ. seuil.

ὑποδομή mur de soutènement?

ὑπόθημα sous-poutre.

ὑποτομή ravalement du dessous d'une pierre.

Χοῦ remblai.

χελωνίς crapaudine.

RECTIFICATIONS

ET OBSERVATIONS ADDITIONNELLES

Arsenal du Pirée.

Pag. 5, l. 3. — *Au lieu de* Milet.
      lire . . . . . . Melite.

Cette correction a son importance ; car, jusqu'à l'époque de notre inscription, il est, je crois, sans exemple qu'Athènes ait confié ses travaux à d'autres qu'à des citoyens : ses ressources lui suffisaient. Au contraire, on voit les autres villes grecques fréquemment obligées de faire appel à des entrepreneurs étrangers (Inscr. de Tegée et de Delos).

Pag. 15, l. 14. — *Au lieu de* meutrières,
      lire . . . . . . meurtrières.

Pag. 36, l. 11. — *Au lieu de* 3 à 5.
      lire . . . . . . 4 à 5.

Les Murs d'Athènes.

Pag. 47, l. 9. — *Au lieu de* le chemin de ronde.
      lire . . . . . . la poterne.

Pag. 52, l. 4 et 5. — *Au lieu de* Et il superposera à ces créneaux des linteaux de bois (C) [régnant] sur la longueur du mur.
      lire . . . . . . Et [à ces créneaux] il superposera, en les chevillant, des linteaux de bois (C) (régnant) sur (toute) la traversée du mur.

Pag. 60, l. 9 — *Au lieu de* les chemins de ronde.
      lire . . . . . . les poternes.

Pag. 64, l. 8. — *Au lieu de* chemin de ronde δίοδος. Ce δίοδος,
      lire . . . . . . chemin de ronde πάροδος. Ce πάροδος.

— Nous avons confondu à tort dans une signification commune les deux mots δίοδος et πάροδος. — En fait, les deux mots ont des sens bien distincts : le δίοδος est un passage transversal, une *poterne*; et c'est au mot πάροδος qu'est réservé le sens de *chemin de ronde* : c'est au πάροδος seul que conviennent les explications de la page 64.

Voir sur le sens du mot *diodos* l'excellent article de M. de Rochas dans le *Dictionnaire des antiquités* de M. Saglio.

Pag. 81, 1re col., l. 7.   Au lieu de γεισμπόδισμα,

        lire...... γεισηπόδισμα

—   2e col., l. 9. -   Au lieu de Μέτωπον... 40. 61. 62.

        lire...... Μέτωπον... 60. 66.

L'ERECHTHEION.

Pag. 107 à 109.   Il est possible que les *petits caissons* V, au lieu de se grouper quatre par quatre dans l'intervalle de deux solives, se soient groupés simplement deux par deux entre des solives moins espacées.

De cette sorte, les grands caissons auraient présenté non plus un plan carré, mais un plan en rectangle allongé, forme que le mot τετράγωνον est loin d'exclure. - Si l'on admet cette hypothèse, on s'expliquera mieux peut-être les passages 1er fr., l. 31, et 2e fr., l. 1, où les petits caissons sont mentionnés *par couples*. Dans cette nouvelle hypothèse, les grands caissons compris entre les solives du plafond rappelleraient davantage les grands caissons compris entre les chevrons du comble : la correspondance de forme et de vocabulaire entre l'ὀροφή et l'ἐπωροφία deviendrait plus complète.

Ce n'est là d'ailleurs qu'une variante, qui modifierait à peine l'aspect du plafond, *sans rien changer* au rôle des pièces qui le composent.

TABLE GÉNÉRALE